Flaschibert Pfandinsky

Die Pfandsammler Küche

10 Wochen günstig Einkaufen und Kochen.
Das Kochbuch mit Gesamt-Spar-Konzept.

XIO® BOOKS

Erstausgabe 2012

© 2012, XIO Books & Software
Martin Rieger (Inh.), Konstanz

xio-books.com

ISBN 978-3-943706-00-0

Inhalt

Einführung

Mengen- und Zeitangaben

> Bei allen Gerichten gelten die *Mengenangaben* jeweils für *eine Person*.
>
> Alle *Zeitangaben* gelten immer *inklusive Wartezeiten*.

Abkürzungen

g	Gramm
g $\frac{Abtr.}{Gew.}$	Gramm Abtropfgewicht
mg	Milligramm (1000 mg = 1 g)
ml	Milliliter (1000 ml = 1 Liter)
TL	Teelöffel
EL	Esslöffel
E	Eiweiß (Protein)
K	Kohlenhydrate (Zucker)
F	Fett
kJ	Kilojoule
kcal	Kilokalorien
Std.	Stunden
Min.	Minuten

Über dieses Buch

Mit der *Pfandsammler Küche* halten Sie ein Kochbuch in den Händen, das Ihnen mit frischen, unkonventionellen Ideen und einem einzigartigen Gesamtkonzept die Umsetzung einer kostengünstigen Ernährung besonders leicht macht. Durch die klare Struktur, hilfreichen Informationen und die schmackhafte Rezeptauswahl können Leser/innen von jung bis alt, vom Single bis zur Großfamilie von der *Pfandsammler Küche* profitieren. Die *Pfandsammler Küche* ist wegen der ausführlichen Rezeptbeschreibungen auch für absolute Kochanfänger sehr gut geeignet. Dass bei aller Sparsamkeit auch die Freude am Kochen nicht zu kurz kommt, ist dem Preisdrückungs-Experten und Autor *Flaschibert Pfandinsky* zu verdanken.

Um mehr über die Eigenschaften der *Pfandsammler Küche* und ihre Unterschiede zu konventionellen Kochbüchern zu erfahren, lesen Sie den Abschnitt „Konzept".

Flaschibert Pfandinsky - der Autor stellt sich vor

Um Verwirrungen zu vermeiden ist zunächst anzumerken, dass *Pfandinsky* – wie viele große Persönlichkeiten vor ihm – bevorzugt in Dritter Person über sich und seine unbestrittenen Erfolge referiert. Aus mitfühlender Bescheidenheit erweckt er manchmal jedoch den Eindruck, dass möglicherweise andere Autoren an der *Pfandsammler Küche* beteiligt sein könnten. Diesen Akt der Selbstlosigkeit darf der/die Leser/in jedoch getrost ignorieren und darauf vertrauen, dass die *Pfandsammler Küche* wirklich 100 % *Pfandinsky* ist und keine minderwertigen Inhalte anderer Autoren enthält.

Normalerweise ist es alles andere als üblich, dass sich der Autor eines Werkes darin besonders herausstellt. Doch die *Pfandsammler Küche* ist schließlich kein ganz gewöhnliches Kochbuch und *Flaschibert Pfandinsky* ist ohne Zweifel ein besonderer Autor.

Doch wer ist *Flaschibert Pfandinsky* und wie wurde er zu dem anerkannten Spar-Experten und erfolgreichen Autor, den wir heute kennen? Hierzu ist ein kurzer Blick in seine Lebensgeschichte sehr aufschlussreich:

Schon in frühen Jahren entwickelte der sensible und hochbegabte *Pfandinsky* einen untrüglichen Sinn für geldwerte Vorteile: Durch ein von ihm entwickeltes, ausgeklügeltes Schneeball-Gewinn-System nach dem Teller-Rotationsprinzip gelang es ihm erfolgreich, den Kalorienkonsum seiner Nahrungskonkurrenten im Zaum zu halten.

Doch *Pfandinsky's* überragender Intellekt stieß nicht überall auf freudige Akzeptanz. Manche Personen brachten ihm auch versteckte Vorbehalte oder gar offene Feindseligkeit entgegen: Als *Pfandinsky* – seinerzeit noch ein Klein-Flascherich – beim zielstrebigen Navigieren des Einkaufswagens zu den Sonderangeboten unverschuldet einige Regale mit Salatsaucen rammte, ließ ein übereifriger Filialleiter es sich nicht nehmen, ihm eine unbegründete Strafpredigt zu halten. Von „wiederholter wahnhafter Schnäppchenfixierung", „Einkaufswagen-Raserei", „Schadenersatz" und anderen absurden Dingen war die Rede. (Nach dieser traumatischen Erfahrung ist *Pfandinsky* auf das Einzelhandels-Management verständlicherweise nicht mehr sonderlich gut zu sprechen.)

Trotz solcher Schicksalsschläge ließ sich *Pfandinsky* freilich nicht von der Verfolgung seiner visionären Preissenkungspläne abbringen. Durch konsequente Aus- und Fortbildung auf dem Gebiet der verdeckten Marktpreis-Observation und der preissensitiven Brennwertsteigerung erlangte er schnell ein beeindruckenes Expertenwissen. Alsbald war er ein gefragter Referent auf internationalen Fachtagungen und sorgte mit seiner erweiterten Tiefpreis-Total-Theorie (TTT) für Furore.

Auch nebenberuflich war dem umtriebigen *Pfandinsky* der Weg des Erfolges beschieden: Hier ist vor allem seine Tätigkeit als Testkäufer hervorzuheben, die ihm viel Respekt und Ehrfurcht eingebracht haben. Doch *Pfandinsky* ließ es sich natürlich auch nicht nehmen, selbst an der Zubereitung schmackhafter Spargerichte mitzuwirken: So sind insbesondere seine Auftritte als Pfannenschwenker in Großküchen legendär.

Angesichts *Pfandinsky's* Vorgeschichte liegt es auf der Hand, dass gewerbsmäßiger Nährwertbetrug und Preisschrauberei bei ihm auf Null Toleranz stoßen. Umso ungehaltener war *Pfandinsky*, als er erfuhr, dass Wirtschaftskrise, Inflation und Lohndumping zunehmend die Bezahlbarkeit guten und nahrhaften Essens erschweren. Was lag also näher, als dieser unerfreulichen Entwicklung mit einem praktischen Ratgeber entgegen zu treten?

So ist die *Pfandsammler Küche* zwar nur ein kleiner Hopser für einen *Pfandinsky*, aber ein großer Sprung für die günstige und gute Ernährung.

Konzept

Die *Pfandsammler Küche* ist ein Kochbuch für alle, die den Wunsch nach leckeren Essen mit ambitionierten Sparzielen verbinden möchten.

Pfandinsky: „Während andere Bücher z.T. vollmundig mit 'Spargerichten' oder einer Ernährung nach dem Hartz-IV-Regelsatz (4,30 € / Tag) werben, aber sonst ohne erkennbares Konzept Gerichte mit Preisschildern aneinanderreihen, wurde hier der Versuch gemacht ein einfach durchführbares und sparwirksames Gesamtkonzept auch für den Kochneurotiker zu entwickeln."

Dank *Pfandinsky's* eifriger Mitarbeit unterscheidet sich die *Pfandsammler Küche* daher in mehreren Punkten von klassischen (Spar-)Kochbüchern. Dabei wurde insbesondere auf nachvollziehbare und praxisrelevante Angaben Wert gelegt:

- Die Gerichte sind zu Ernährungsplänen von jeweils einer Woche zusammengefasst.

- Es werden einfache und wirklich günstige Gerichte vorgestellt.

- Die Zusammenstellung der Gerichte ermöglicht eine weitgehend ausgewogene Ernährung.

- Die Preisangaben erfolgen nicht pro Gericht, sondern für einen ganzen Wocheneinkauf.

- Der Preis ist außer in € auch in Pfandflaschen und Gold angegeben.

- Für jede Woche gibt es bereits fertige Einkaufslisten mit Mengenangaben für 1-4 Personen.

- Alle Rezeptbeschreibungen sind detailliert ausformuliert ('idiotensicher').

- Alle Zubereitungsschritte wurden auf eine zeitsparende Handlungsabfolge hin optimiert.

- Alle Zeitangaben gelten immer *inklusive* Wartezeiten.

- Die Mengenangaben bei allen Gerichte gelten jeweils für eine Person.

Natürlich wird nicht jede/r Nutzer/in von allen diesen Punkte gleichermaßen profitieren: Für Edel-Gourmets sind die einfachen aber guten Gerichte vielleicht nicht raffiniert genug und für Mehrpersonenhaushalte ohne Taschenrechner wird die Multiplikation der Mengenangaben bei den einzelnen Gerichten zum unlösbaren Problem.

Pfandinsky: „So ein Schwachsinn! Dann verzichten die beschriebenen Problem-Esser einfach ganz aufs Essen und sparen so noch mehr Geld!"

Wie auch immer – um für sich selbst das Beste aus der *Pfandsammler Küche* herauszuholen lesen Sie den Abschnitt "Aufbau und Benutzung".

Aufbau und Benutzung

Durch *Pfandinsky's* striktes Projektmanagement weist die *Pfandsammler Küche* eine einfache und klare Struktur auf, die im Wesentlichen aus der *Einführung* – die Sie gerade lesen –, dem umfassenden *Rezeptteil* und dem *Anhang* besteht.

In der *Einführung* (S. 9-20) finden Sie neben den Informationen zum Buch auch noch einige hilfreiche Spartipps für Einkauf und Zubereitung.

Der *Rezeptteil* (S. 21-194) ist das eigentliche Kernstück *der Pfandsammler Küche*. Er besteht aus vollständigen Ernährungsplänen mit Rezepten für insgesamt zehn Wochen. Zu Beginn jeder Woche finden Sie eine Einkaufsliste für die Hauptmahlzeiten („Einkaufsliste nur Hauptmahlzeiten") sowie eine für den kompletten Ernährungsplan mit Frühstück und Abendessen („Einkaufsliste alle Mahlzeiten"). Dazu gibt es je eine Kostenübersicht.
Die Rezepte der Hauptmahlzeiten sind an den jeweiligen Wochentagen jeder Woche aufgeführt. Die Rezepte für Frühstück, Zwischenmahlzeit und Abendessen sind aus Platzgründen gesondert in den Kapiteln „Frühstücksrezepte" (S. 155), „Salate" (S. 161), „Brotaufstriche" (S. 169) und „Suppen" (S. 175) aufgeführt, und werden entsprechend zitiert. Die Rezepte im Kapitel „Brote und Brötchen" (S. 185) sind bis auf eine Ausnahme nicht in den Gesamternährungsplan integriert. Sie sind als Anregungen zum Selbstbacken gedacht, und können bei Bedarf als Ersatz für gekaufte Backwaren genutzt werden.

Im *Anhang* (ab S. 195) finden Sie Hinweise zur Lagerung und Haltbarkeit sowie zur Saison von Obst und Gemüse, ein Verzeichnis der „Preiseinstiegsmarken" (Eigenmarken der Supermärkte) und eine Preisliste aller verwendeten Zutaten. Am Ende des Anhangs finden Sie außerdem je einen alphabetischen Index für Zutaten und Gerichte.

Es gibt im Wesentlichen drei sinnvolle Möglichkeiten die *Pfandsammler Küche* zu nutzen:

1. *Kochen nach vollständigem Wochenplan*, d.h. den kompletten Ernährungsplan in jeder Woche nachkochen.

2. *Nur die Hauptmahlzeiten nach Wochenplan kochen* und die anderen Mahlzeiten des Tages nach eigenen Vorstellungen gestalten.

3. *Einfach nach Lust und Laune ein leckeres Gericht zubereiten* und sich nicht weiter um die Pläne kümmern.

Die gute Nachricht vorweg:
Niemand zwingt Sie, alles nach den Wochenplänen zu kochen. Sie können wie bei jedem anderen Kochbuch auch einfach nur das kochen, was Sie gerne mögen.

Die schlechte Nachricht:
Pfandinsky: „Wer nicht alles nach Wochenplan kocht, verprasst zuviel Geld und wird deshalb von mir enterbt!"

Um ein bestimmtes Rezept zu finden,

nutzen Sie die beiden Indizes am Ende des Buches. Dort können Sie nicht nur nach dem Namen des jeweiligen Gerichtes, sondern auch nach den darin verwendeten Zutaten suchen und so schnell das Gewünschte finden.

Preisangaben

Pfandinsky war es besonders wichtig eine ungeschönte, realistische Abschätzung der tatsächlichen Kosten zu ermöglichen. Daher sind zu Beginn jeder Woche die auf ganze 1,00 € aufgerundeten Kosten für den gesamten Wocheneinkauf für 1-4 Personen angegeben. Hierbei wird unterschieden zwischen:

1. *Kosten für ganze Packungen*, bei denen angenommen wird, dass jede Zutat neu als ganze Packung gekauft wird.

2. *Reinen Verbrauchskosten*, bei denen die anteiligen Kosten der tatsächlichen Verbrauchsmenge pro Zutat summiert sind.

Da nach jeder Woche von einigen Zutaten Restmengen verbleiben, die in den darauffolgenden Wochen verbraucht werden können, kann bei guter Einkaufsplanung ein Kostenniveau erreicht werden, welches den *reinen Verbrauchskosten* sehr nahe kommt.

Um etwaige zusätzliche Kosten für Gewürze und Getränke abzudecken wird pro Woche und pro Person eine Pauschale von 2,00 € hinzu addiert.

Die den Berechnungen zugrunde liegenden Preise der einzelnen Zutaten und weitere Erläuterungen finden Sie auf S. 202.

Die angegebenen Kosten können trotz ihrer genauen Berechnung allerdings immer nur eine näherungsweise Schätzung der tatsächlichen Kosten sein: Einerseits unterliegen viele Produkte (insbesondere Obst und Gemüse) erheblichen Preisschwankungen, andererseits kann der tatsächliche Mengenverbrauch bei Zubereitung und Konsum durch ungenaue Messung der Zutatenmenge und individuelle Vorlieben variieren. Je häufiger Sie jedoch mit der *Pfandsammler Küche* kochen, desto mehr werden Sie in der Lage sein, das Ausmaß dieser Faktoren abzuschätzen.

Sparen

An dieser Stelle wollte *Pfandinsky* es sich nicht nehmen lassen, einige allgemeine Tipps zum Sparen zu geben: „Auch wenn dem harten Kern der renitenten Preisdrücker unter den Lesern die eine oder andere Maßnahme bekannt sein dürfte, so ist ein wenig auffrischende Gehirnwäsche sicherlich nicht zum Schaden Ihres Portemonnaies. Schließlich ist allein die konsequente Anwendung dieser Maßnahmen der Schlüssel zur Verwirklichung ambitionierter Sparziele!", so *Pfandinsky*.

Sparen beim Einkauf

Nie ohne Einkaufszettel in den Supermarkt – Die leichteste Beute für profitgierige Marktmagnaten sind unschlüssige Kunden. Diese greifen von der Kaufhausmusik benebelt unkontrolliert und impulsiv in die Regale um letztlich hochpreisige Vorzeigeprodukte ohne echte Nährwerte zu erwerben. Hinzu kommt, dass die Unschlüssigen oft längere Zeit vor den Regalen stehen bleiben, um dort Ihre Entscheidungsprozesse in Gang zu bringen - genug Zeit um sie mit Werbetafeln, Durchsagen und gezielter Raumbeduftung zu manipulieren. *Pfandinsky*: „Da leider zu befürchten ist, dass viele Leser ohne eigene Arbeit zu ruhmreichen Sparkäufen aufbrechen möchten, sind in der *Pfandsammler Küche* die fertigen Einkaufslisten schon zu Beginn jedes Wochenplanes aufgeführt."

Nicht mit leerem Magen einkaufen – Kunden mit leerem Magen sind für die hinter ihren Überwachungsschirmen bei Kaffee und Kuchen sitzende Supermarkt-Führungsriege oft schon von weitem an Ihrem fahlen Teint und gierigen Blick zu erkennen. Mit Ihrem unterzuckertem Gehirn sind diese Kunden hochgradig anfällig für vollmundige Versprechungen. Ganz besondere Härtefälle beginnen sogar schon im Laden damit, Schokoriegel u.ä. anzunagen, getrieben von der Angst, möglicherweise auf dem Weg zur Kasse zu verhungern. Unter solchen Vorbedingungen ist es kaum verwunderlich, wenn im Übermaß kurzfristig sättigende, möglichst schnell verzehrfertige Mogelpackungen zum Premium-Preis erworben werden. An ein planvolles, preis- und gesundheitsbewusstes Einkaufen ist unter solchen Umständen nicht zu denken. *Pfandinsky*: „Besser trocken Brot im Bauch als hungernd in den Einkaufsrausch!"

Immer die unterste Regal-Ebene zuerst fixieren – Die günstigen Artikel (mit geringer Gewinnmarge für den Supermarkt) stehen meistens gut getarnt unten im Regal, die teuren (mit hoher Gewinnmarge) meistens auf Augenhöhe. Das wissen zwar mittlerweile viele, aber kaum jemand handelt danach. *Pfandinsky*: „Wer sich nicht bückt, zahlt wie verrückt! – Dabei immer die Augen offen halten, denn vielleicht finden Sie sogar einen herrenlosen Pfandgutbon…"

Packungsgröße und relativen Preis ermitteln – Gesetzlich vorgeschrieben, aber auf den Preisschildern gerne besonders klein gedruckt: Vergleichbare Preisangaben pro Mengen- oder Gewichtseinheit. Da viele Hersteller Preiserhöhungen auch durch Verringerung des Packungsinhaltes an ihre ahnungslosen Opfer weitergeben oder gar Verpackungen mit großer Knautschzone aufplustern, wird das Lesen der relativen Preisangaben für jeden Sparwilligen zur Pflicht: So können Sie einfach zwischen gleichartigen Produkten mit unterschiedlichen Packungsgrößen das tatsächlich günstigste auswählen. Der relative Preis wird meist in € pro 100 g, 1 kg, 100 ml, 1 l, o.ä. angegeben. Übrigens: Aktions- oder Großpackungen sind nicht immer zwangsläufig günstiger als Standardpackungen – vergleichen lohnt sich in jedem Fall. *Pfandinsky*: „Der Weise kennt die relativen Preise."

Eigenmarken kaufen – Nur zu oft lässt sich der Null-acht-fuffzehn-Kunde durch eine schöne Verpackung und bekannte Marken blenden. Nicht so der/die aufgeklärte Leser/in der *Pfandsammler Küche*: Mit gnadenlosem Röntgenblick wird jede Hochglanzoptik des modernen Mogelpackungsdesigns durchleuchtet und nüchtern analysiert, was wirklich drin ist. Klar ist: Die Eigenmarken der Supermärkte (sog. „Preiseinstiegsmarken") sind bei Grundnahrungsmitteln

genauso gut wie Prestige-Marken, dafür aber oft bedeutend günstiger. Was an der Verpackung und Werbung gespart wird kommt einem günstigeren Preis zu gute. Die Preisaufschläge für bekannte Marken können selbst für Astronomen mitunter nur schwer nachvollziehbar sein: Manchmal deutlich über 100% z.B. für Salz oder Mehl. Dabei kommt es durchaus vor, dass hinter unscheinbaren Supermarkt-Eigenmarken namhafte Hersteller stehen, die den gleichen Inhalt einfach in verschiedene Verpackungen abfüllen – einmal für die Prestige-Kunden, das andere Mal für Sparwillige. *Pfandinsky*: „Wer sich von überteuertem Verpackungsmüll blenden lässt ist ein hoffnungsloser Mehrzahler, denn im Magen sind alle Marken gleich! – Um Fehlgriffe konsequent zu verhindern, sind die Namen der wichtigsten Preiseinstiegsmarken auf S. 201 zusammengestellt."

Gefälschte Sonderangebote meiden – Je mehr Pfandsammler dem günstigen und guten Essen auf der Spur sind, desto perfidere Tricks lassen sich skrupellose Filialleiter einfallen, um sie in die Irre zu führen. *Pfandinsky's* Felduntersuchungen in einer bekannten Supermarktkette haben ergeben, dass gerade die Artikel häufig mit auffällig roten „Günstig!"-Schildchen markiert wurden, welche kurze Zeit zuvor im Preis erhöht worden waren. So wird versucht, die tatsächliche Preiserhöhung durch gezielte Ansprache des Schnäppchen-Instinkts zu verschleiern. *Pfandinsky*: „Denken Sie daran: Preise sind grundsätzlich weder günstig noch farbig, sondern einfach immer zu hoch!"

Echte Sonderangebote auf Vorrat kaufen – *Pfandinsky* weiß genau, welche Waren er üblicherweise verbraucht, was diese kosten und wie lange sie haltbar sind. Gelingt ihm nun der mathematische Nachweis eines echten Schnäppchens lang haltbarer, bedarfsgerechter Ware (z.b. Pasta, Konserven, Hygienebedarf..) – meistens ein grob fahrlässiger Irrtum der Verkaufsleitung des Ladens – wird er schamlos zuschlagen und eine größere Menge auf Vorrat davon einkaufen. Denn solche echten Gelegenheiten sind gerade bei Basisnahrungsmitteln ziemlich selten. *Pfandinsky*: „Ist es billig, nehm ich's willig."

Saison bei Obst und Gemüse nutzen – Trotz Welthandel und Gewächshaus, gibt es für Obst und Gemüse nach wie vor je nach Saison z.t. deutlich unterschiedliche Qualitäten und Preise. Der Echtsparer kauft natürlich am liebsten Obst und Gemüse der aktuellen Saison und profitiert so vom Überangebot zur jeweiligen Erntezeit. *Pfandinsky*: „Das richtige Timing ist ein entscheidender Erfolgsfaktor auf den letzten Metern in den Preisdrücker-Olymp. Um auch unbedarfte Naturen in den Genuss unterpreisiger Vitaminbomben zu bringen sind die Hauptangebotszeiten für Obst und Gemüse auf S. 198 aufgeführt."

Lokale Märkte nutzen – Natürlich ist es einfach und bequem, alles im selben Laden zu kaufen. Die Bequemlichkeit und der Zeitmangel des modernen Konsumenten sind auch der einzi-

ge Grund für den kometenhaften Aufstieg der Supermarktketten. Wer jedoch auch einmal lokale Wochenmärkte besucht, wird schnell feststellen, dass dort mitunter hochwertiges Obst und Gemüse zu günstigen Preisen direkt vom Erzeuger angeboten werden. *Pfandinsky*: „Direkt und frisch auf den Tisch: Der wirklich skrupellose Sparer schaltet den Zwischenhandel aus und bereichert sich auch noch daran."

Kurz vor Ladenschluss einkaufen – Ob auf dem Markt oder beim Bäcker – wenn der Verkaufstag sich dem Ende neigt, werden gerade bei verderblicher Ware oft die Preise erheblich gesenkt. Schließlich ist es für jeden Händler immer noch besser, günstig zu Verkaufen, als die Mülltonnen zu befüllen. Außerdem haben vor diesem Zeitpunkt bereits genügend zahlungstrunkene Kunden zu Mondpreisen zugegeriffen. Die Kurz-vor-Schluss-Gelegenheit passt der Preissensible natürlich gezielt ab, um sich besonders günstig mit Leckereien einzudecken. *Pfandinsky*: „Wer zu früh kommt, den bestraft der Preis."

Angebote der „Gammelecke" nutzen – Nicht immer in allen Märkten anzutreffen, manchmal aber ein echter Knüller: Die „Gammelecke" oder „Notabverkaufsfläche" (*Pfandinsky's* Vorschlag zur Benennung dieses Phänomens). Hier werden Produkte angeboten, die aufgrund falscher Einkaufsplanung und notorischer Hochpreispolitik des Markt-Managements nicht rechtzeitig verkauft werden konnten und nun zu verderben drohen. Sie finden Gammelecken häufig

als lose Anhäufungen von verschiedenen, gesondert bepreisten Einzel-
produkten in der Obst- und Gemü-
seabteilung, dem Kühlregal oder als
Wühltisch in Kassennähe. Gelegentlich kommen Sie so deutlich billiger an
die gewünschten Produkte – vorausgesetzt, Sie warten mit dem Verbrauch
nicht zu lange. *Pfandinsky*: „Blüht im
Markt der Notverkauf, nimmt man
sich die Schnäppchen raus."

Sparen bei der Zubereitung

**Für mehr als eine Person ko-
chen** – Auch wenn die *Pfandsammler Küche* die wachsende Zahl an
Singlehaushalten berücksichtigt und
alle Mengen für Einzelpersonen an-
gibt: Das Kochen für mehrere Personen ist fast immer deutlich effizienter.
Nicht nur, weil Sie (mit viel diploma-
tischen Geschick) auf Unterstützung
bei der Zubereitung hoffen können,
sondern vor allem weil Sie mehrere
Portionen auf einmal zubereiten. Dadurch sinkt der relative Aufwand und
Energieverbrauch pro Portion. *Pfandinsky*: „Attraktiver, erfolgreicher Fla-
scherich sucht finanziell unabhängige
Pfandfläschnerin mit Sparambitionen
und romantisch-günstigem Stroman-
bieter."

Mit Deckel kochen – Wo immer es
möglich ist, sollte beim Kochen ein
Deckel auf den Topf oder die Pfanne
gesetzt werden. Dieser denkbar sim-
ple Grundsatz hat einen ganz ent-
scheidenden Einfluss auf den Energieverbrauch, denn die Wärmeverlus-
te sind ohne Deckel sehr hoch. Das
Kochen mit Deckel verringert auch
die Aufheizzeit erheblich und ermöglicht ein Garen auf niedrigerer Stufe.
Aufgeweckte Kostendrücker können so

gleichzeitig Geld und Zeit einsparen.
Pfandinsky: „Hat man den Strompreis
mal entdeckt, kocht man fortan abgedeckt."

Gar ziehen lassen statt sieden –
Bei Teigwaren (Spaghetti) und Kartoffeln ist es zum Garen nicht notwen-
dig, das Kochwasser permanent auf
Siedetemperatur zu halten. Auch 80°C
- 90°C reichen hierzu völlig aus. Es
genügt also, das Kochwasser einma-
lig zum Sieden zu bringen und dan-
nach auf deutlich niedrigerer Heizstu-
fe warm zu halten. Bei Nudeln und
Spaghetti mit weniger als 15 Minuten Garzeit kann nach dem einmaligen
Aufkochen der Herd auch ganz abge-
stellt werden – vorausgesetzt der Topf
steht abgedeckt auf der noch heißen
Herdplatte (Nudeln ggf. 2 - 3 zusätzliche Minuten im heißen Wasser belas-
sen). *Pfandinsky*: „Leute die ständig
alles sieden, sind oftmals arm geblie-
ben!"

**Vorausschauend kochen und ba-
cken** – Wer einen Ernährungs- und
Einkaufsplan aufstellt hat klare Spar-
vorteile (gilt sowieso für alle Le-
ser/innen der *Pfandsammler Küche*) –
wer dazu noch den Überblick über die
Mahlzeiten der kommenden Tage be-

hält entdeckt bald noch mehr Einsparpotential: Wollen Sie z.B. in der Woche ein Brot backen, tun Sie dies am besten an einem Tag, an dem Sie ohnehin einen Auflauf o.ä. in den Backofen schieben. Dies spart viel Strom, selbst dann, wenn Sie Auflauf und Brot nicht gleichzeitig sondern nacheinander backen, da bereits das Aufheizen des Backofens sehr energieintensiv ist. *Pfandinsky*: „Ist der Ofen endlich an, backt man schnell so viel man kann."

Nicht mehr zubereiten als nötig – Bei allen Mahlzeiten, die sich nicht für längere Zeit aufbewahren lassen, sollten Sie darauf achten, nicht mehr als nötig zuzubereiten. Auch wenn ein allzu reichliches Angebot oft gut gemeint ist: Weder das Wegwerfen von zu Nahrung gewordenem Bargeld noch das Zwangsmästen anderer Familienmitglieder sind erfreuliche Lösungen. Mit etwas Erfahrung entwickeln auch Sie ein Gespür für die richtige Menge. Am besten fragen Sie die Mitesser vor der Zubereitung, ob sie großen, kleinen oder keinen Hunger auf die entsprechende Mahlzeit haben. *Pfandinsky*: „Diät-Fanatiker aufgepasst: Die Mengenangaben der Gerichte in der *Pfandsammler Küche* gelten für jeweils eine Person und sind so berechnet, dass auch ein *Pfandinsky* satt wird. Dies ist ein deutlicher Unterschied zu den oft üblichen Schrumpfmengen in anderen Kochbüchern!"

Reste verwerten – Trotz sorgfältiger Planung kommt es auch in den sparwilligsten Haushalten gelegentlich vor, dass Reste an Mahlzeiten oder Zutaten anfallen. Reste von Mahlzeiten können entweder im Kühlschrank gelagert und später erneut erwärmt werden oder zu neuen Gerichten verarbeitet werden (z.b. gekochte Kartoffeln als Bratkartoffeln). Zur Verbesserung der Haltbarkeit ist bei Resten von Gerichten mit mehreren Beilagen eine getrennte Lagerung der einzelnen Beilagen zu empfehlen. Reste von Zutaten sind nur dann problematisch, wenn diese verderblich sind. Der Ernährungsplan der *Pfandsammler Küche* wurde auf den zeitigen Verbrauch der meisten Zutaten optimiert. Bleibt zuviel von einer bestimmten Zutat übrig kann der Zutaten-Index auf S. 207 helfen, ein passendes Gericht hierfür zu finden. *Pfandinsky*: „Kamen wenig Gäste, genießt man später Reste – und spart sich in Zukunft die kostspieligen Einladungen zum Essen!"

Lebensmittel mit System lagern – In vielen Haushalten passiert es regelmäßig: Lebensmittel lagern irgendwo vergessen und vereinsamt bis sie jämmerlich zugrunde gehen und das in sie investierte Kapital nicht mehr in Kalorien umgesetzt werden kann. Dieses Schicksal kann wirksam verhindert werden, indem man sich ein wenig Systematik bei der Lebensmittellagerung gönnt. So ist es empfehlenswert, gleiche Lebensmittel auch immer am gleichen Ort aufzubewahren. Dies gewährleistet eine wesentlich bessere Übersicht über den Bestand. Außerdem sollten bei mehreren Packungen desselben Produktes die Packungen mit der kürzesten Resthaltbarkeit zuerst in Griffweite kommen. Angebrochene Packungen können auch mit dem Öffnungsdatum beschriftet werden, denn dadurch ist viel schneller sichtbar, was evtl. bald aufgebraucht werden muss. Für sparwütige Bürokraten besteht natürlich zusätzlich die Möglichkeit, eine regelmäßig aktualisierte Bestandsliste zu führen. *Pfandinsky*: „Vergammelt Essbares im Schrank, macht das jeden Sparer krank!"

Obst und Gemüse richtig lagern – Auch wenn es deswegen immer häufiger zu Reklamationen aufgebrachter Premium-Kunden kommt: Frisches Obst und Gemüse hat von Natur aus weder eine Vakuum-Schutzverpackung noch ein aufgedrucktes Haltbarkeitsdatum. Deshalb sollte der richtigen Lagerung in diesem Fall besondere Beachtung geschenkt werden. Auch wenn es in vielen Haus-

halten gängige Praxis ist, eingekauftes Obst und Gemüse einfach irgendwie in den Kühlschrank zu stopfen, ist dies nicht immer das beste Vorgehen. Denn auch wenn eine kühle Lagerung oft tendenziell richtig ist, vertragen nicht alle Obst- und Gemüsesorten die niedrigen Kühlschranktemperaturen. Darüber hinaus sind auch Faktoren wie Luftfeuchtigkeit und Belüftung bedeutsam. Durch die richtige Lagerung beugt der/die aufgeklärte Sparwillige vorzeitigem Verderb vor und stellt so sicher, dass all die teuren Vitamine im Magen und nicht in der Mülltonne landen. *Pfandinsky*: „Wächst Schimmel im Gemüselager, ist der Käufer ein Versager! – Informationen zu Lagerung und Haltbarkeit von Obst und Gemüse sind auf S. 196 zusammengestellt."

1. Woche

Einkaufliste nur Hauptmahlzeiten

	Packung / Einheit		Menge [Packungen] je Anzahl Personen			
			1 Pers.	2 Pers.	3 Pers.	4 Pers.
Weizenmehl	1000	g	515 [1]	1030 [2]	1545 [2]	2060 [3]
Hartweizengrieß	400	g	80 [1]	160 [1]	240 [1]	320 [1]
Spaghetti	500	g	125 [1]	250 [1]	375 [1]	500 [1]
Linsen	500	g	100 [1]	200 [1]	300 [1]	400 [1]
Paniermehl	1000	g	10 [1]	20 [1]	30 [1]	40 [1]
Zucker	1000	g	60 [1]	120 [1]	180 [1]	240 [1]
Tomatenmark	200	g	105 [1]	210 [2]	315 [2]	420 [3]
Senf (scharf)	200	ml	7 [1]	14 [1]	21 [1]	28 [1]
Gemüsebrühe (Pulver)	140	g	15 [1]	30 [1]	45 [1]	60 [1]
Pflanzenöl	1000	ml	190 [1]	380 [1]	570 [1]	760 [1]
Essig	1000	ml	20 [1]	40 [1]	60 [1]	80 [1]
Apfelmus	710	g	200 [1]	400 [1]	600 [1]	800 [2]
Würstchen	5	Stück	2 [1]	4 [1]	6 [2]	8 [2]
Vollmilch	1000	ml	170 [1]	360 [1]	510 [1]	680 [1]
Sahne (süß)	200	g	100 [1]	200 [1]	300 [2]	400 [2]
Magerquark	500	g	80 [1]	160 [1]	240 [1]	320 [1]
Mozzarella	125	g $Abtr. Gew.$	125 [1]	250 [2]	375 [3]	500 [4]
Hefe (frisch)	42	g	20 [1]	40 [1]	60 [2]	80 [2]
Eier	6	Stück	3 [1]	6 [1]	9 [2]	12 [2]
Rahmspinat (tiefgekühlt)	450	g	100 [1]	200 [1]	300 [1]	400 [1]
Erbsen (tiefgekühlt)	750	g	150 [1]	300 [1]	450 [1]	600 [1]
Kartoffeln	2000	g	200 [1]	400 [1]	600 [1]	800 [1]
Zwiebeln	1000	g	225 [1]	450 [1]	675 [1]	900 [1]
Karotten	1000	g	100 [1]	200 [1]	300 [1]	400 [1]
Bananen	–	Stück	1 [–]	2 [–]	3 [–]	4 [–]

Gewürze: Salz, Muskatnuss, Zimt, Oregano, Paprikapulver

Einkaufliste alle Mahlzeiten

	Packung / Einheit		Menge [Packungen] je Anzahl Personen			
			1 Pers.	2 Pers.	3 Pers.	4 Pers.
Grau- oder Schwarzbrot	500	g	725 [2]	1450 [3]	2175 [5]	2900 [6]
Toastbrot	500	g	200 [1]	400 [1]	600 [2]	800 [2]
Brötchen	–	Stück	2 [–]	4 [–]	6 [–]	8 [–]
Weizenmehl	1000	g	515 [1]	1030 [2]	1545 [2]	2060 [3]
Haferflocken	500	g	120 [1]	240 [1]	360 [1]	480 [1]
Hartweizengrieß	400	g	80 [1]	160 [1]	240 [1]	320 [1]
Spaghetti	500	g	125 [1]	250 [1]	375 [1]	500 [1]
Linsen	500	g	100 [1]	200 [1]	300 [1]	400 [1]
Paniermehl	1000	g	10 [1]	20 [1]	30 [1]	40 [1]
Zucker	1000	g	90 [1]	180 [1]	270 [1]	360 [1]
Marmelade	450	g	90 [1]	180 [1]	270 [1]	360 [1]
Schokocreme	400	g	25 [1]	50 [1]	75 [1]	100 [1]
Rosinen	250	g	20 [1]	40 [1]	60 [1]	80 [1]
Tomatenmark	200	g	145 [1]	290 [2]	435 [3]	580 [3]
Senf (scharf)	200	ml	7 [1]	14 [1]	21 [1]	28 [1]
Gemüsebrühe (Pulver)	140	g	55 [1]	110 [1]	165 [2]	220 [2]
Pflanzenöl	1000	ml	305 [1]	610 [1]	915 [1]	1220 [2]
Essig	1000	ml	55 [1]	110 [1]	165 [1]	220 [1]
Sauerkraut	500	g $^{Abtr.}_{Gew.}$	350 [1]	700 [2]	1050 [3]	1400 [3]
Apfelmus	710	g	200 [1]	400 [1]	600 [1]	800 [2]
Würstchen	5	Stück	2 [1]	4 [1]	6 [2]	8 [2]
Vollmilch	1000	ml	370 [1]	740 [1]	1110 [2]	1480 [2]
Sahne (süß)	200	g	230 [2]	460 [3]	690 [4]	920 [5]
Butter	250	g	100 [1]	200 [1]	300 [2]	400 [2]
Naturjoghurt	500	g	250 [1]	500 [1]	750 [2]	1000 [2]
Magerquark	500	g	280 [1]	560 [2]	840 [2]	1120 [3]
Buttermilch	500	ml	200 [1]	400 [1]	600 [2]	800 [2]
Mozzarella	125	g $^{Abtr.}_{Gew.}$	125 [1]	250 [2]	375 [3]	500 [4]
Käseaufschnitt	200	g	140 [1]	280 [2]	420 [3]	560 [3]
Wurstaufschnitt	200	g	60 [1]	120 [1]	180 [1]	240 [2]
Kräuterfrischkäse	200	g	210 [2]	420 [3]	630 [4]	840 [5]
Hefe (frisch)	42	g	20 [1]	40 [1]	60 [2]	80 [2]
Eier	6	Stück	4 [1]	8 [2]	12 [2]	16 [3]
Rahmspinat (tiefgekühlt)	450	g	100 [1]	200 [1]	300 [1]	400 [1]
Erbsen (tiefgekühlt)	750	g	300 [1]	600 [1]	900 [2]	1200 [2]

	Packung / Einheit		Menge [Packungen] je Anzahl Personen			
			1 Pers.	2 Pers.	3 Pers.	4 Pers.
Kartoffeln	2000	g	400 [1]	800 [1]	1200 [1]	1600 [1]
Zwiebeln	1000	g	625 [1]	1250 [2]	1875 [2]	2500 [3]
Karotten	1000	g	700 [1]	1400 [2]	2100 [3]	2800 [3]
Tomaten	–	Stück	5 [–]	10 [–]	15 [–]	20 [–]
Paprika	–	Stück	2 [–]	4 [–]	6 [–]	8 [–]
Knollen-Sellerie	–	g	100 [–]	200 [–]	300 [–]	400 [–]
Zucchini	–	Stück	1 [–]	2 [–]	3 [–]	4 [–]
Äpfel	–	Stück	5 [–]	10 [–]	15 [–]	20 [–]
Bananen	–	Stück	2 [–]	4 [–]	6 [–]	8 [–]
Pfirsiche oder Orangen	–	Stück	2 [–]	4 [–]	6 [–]	8 [–]

Gewürze: Salz, Pfeffer, Muskatnuss, Zimt, Oregano, Curry, Paprikapulver

Kosten

– nur Hauptmahlzeiten

	Kosten für ganze Packungen			Reine Verbrauchskosten		
	€	Pfand- flaschen	Gold (mg)	€	Pfand- flaschen	Gold (mg)
1 Pers.	22,–	88	684	7,–	28	218
2 Pers.	25,–	100	778	14,–	56	435
3 Pers.	31,–	124	964	21,–	84	653
4 Pers.	35,–	140	1089	28,–	112	871

– alle Mahlzeiten

	Kosten für ganze Packungen			Reine Verbrauchskosten		
	€	Pfand- flaschen	Gold (mg)	€	Pfand- flaschen	Gold (mg)
1 Pers.	38,–	152	1182	20,–	80	622
2 Pers.	55,–	220	1711	40,–	160	1244
3 Pers.	75,–	300	2333	60,–	240	1866
4 Pers.	92,–	368	2862	80,–	320	2488

Montag - Tomaten-Grießhappen mit Rahmerbsen

Frühstück

Porridge

Rezept auf S. 157.

Pfandinsky's Tipp: Die Tomaten-Grießhappen können Sie auch mit Schinkenspeck-Würfeln verfeinern. Braten Sie diese einfach zusammen mit den Zwiebelwürfeln in Schritt (2) an.

Zwischenmahlzeit

Obst

Äpfel   *1 Stück*

Abendessen

Brotzeit

Grau-/Schwarzbrot   *2-3 Scheiben*

Karotten-Quark-Aufstrich

Rezept für den *Karotten-Quark-Aufstrich* auf S. 171.

Hauptmahlzeit   ca. 35 Min.

Tomaten-Grießhappen mit Rahmerbsen

Hartweizengrieß	*80 g*
Zwiebeln	*1 Stück*
Gemüsebrühe	*1 1/2 TL (= 300 ml)*
Tomatenmark	*30 g*
Erbsen (tiefgekühlt)	*150 g*
Mehl	*1 TL*
Sahne (süß)	*50 g*
Pflanzenöl	*4 EL*

Salz
Oregano
Paprikapulver

E 19 g   K 74 g   F 41 g   3122 kJ / 746 kcal

1. Die *Zwiebel* schälen und in kleine Würfel schneiden.

2. Ca. 1 EL *Pflanzenöl* in einem Topf erhitzen. Die Hälfte der *Zwiebelwürfel* hinzugeben und glasig dünsten. Den *Grieß* hinzufügen und unter ständigem Wenden ca. 5 Minuten mitdünsten.

3. Ca. 250 ml *Wasser* hinzugießen, 2/3 des *Brühepulvers* und das *Tomatenmark* einrühren. Diese *Tomaten-Grießmischung* ca. 5 Minuten bei geringer Hitze und unter ständigem Rühren quellen lassen. Mit *Oregano* würzen und mit *Salz* abschmecken.

4. Einen flachen Teller mit kaltem Wasser abspülen und die fertig gequollene *Tomaten-Grießmischung* darauf glatt streichen und abkühlen lassen.

Währenddessen:

5. Ca. 1 EL *Pflanzenöl* in einem Topf erhitzen. Die restlichen *Zwiebelwürfel* hinzugeben und glasig dünsten.

6. Ca. 2 EL *Wasser* in eine Tasse geben und einen gestrichenen TL *Mehl* glatt einrühren.

7. Anschließend die *Erbsen*, die *Sahne*, ca. 50 ml *Wasser*, das restliche *Brühepulver* und das zuvor glattgerührte *Mehl-Wassergemisch* in den Topf zu den *Zwiebelwürfeln* geben und alles gut verrühren. Mit *Salz* abschmecken und ca. 5 Minuten köcheln lassen; danach warm halten.

8. Die zuvor in Schritt (4) glattgestrichene und ausgekühlte *Tomaten-Grießmischung* in mundgerechte *Happen* schneiden.

9. Das restliche *Pflanzenöl* in einer Pfanne erhitzen. Die *Tomaten-Grieß-Happen* bei mittlerer Hitze in der Pfanne von beiden Seiten in ca. 10 Minuten braun braten.

10. Die fertig gebratenen *Tomaten-Grieß-Happen* auf einem Teller anrichten, die warm gehaltenen *Rahm-Erbsen* hinzugeben und servieren.

Dienstag - Würstchen im Brotteig

Frühstück	*Pfandinsky's Tipp*: Die Würstchen im Brotteig können auch mit Käse und/oder Gewürzgurken verfeinert werden: Wickeln Sie einfach in Schritt (9) eine Scheibe Käse um das Würstchen und/oder belegen Sie das Teig-Rechteck gleichmäßig mit mit einigen dünnen Gewürzgurken-Scheiben.

Deftiges Frühstück

Grau-/Schwarzbrot	*2-3 Scheiben*
Butter	*25 g*
Käse	*1 Scheibe (ca. 30 g)*
Wurst	*1 Scheibe (ca. 20 g)*
Kräuterfrischkäse	*25 g*
Tomaten	*1 Stück (ca. 100 g)*

Zwischenmahlzeit

Zucchinisalat

Rezept auf S. 167.

Abendessen

Tomatensuppe

Rezept auf S. 176.

Hauptmahlzeit   ca. 90 Min.

Würstchen
im Brotteig

Mehl	*150 g*
Hefe (frisch)	*1/4 Würfel (10 g)*
Pflanzenöl	*2 EL*
Tomatenmark	*30 g*
Würstchen	*2 Stück (ca. 100 g)*
Senf	*1 TL*
Salz	

E 29g K 114 g F 45 g   4123 kJ / 985 kcal

1. Ca. 150 ml *Wasser* in einem Topf auf Handtemperatur erwärmen (ca. 35°C) und in eine Tasse geben.

2. Einen gehäuften Esslöffel des *Mehls* in das *Wasser* einrühren und die *Hefe* unter langsamen Umrühren hineinbröckeln, sodass sie sich möglichst gleichmäßig auflöst.

3. Das übrige *Mehl* und eine Prise *Salz* in eine Schüssel geben und vermengen. In der Mitte des *Mehls* eine Mulde formen und den zuvor hergestellten *Hefe-Ansatz* hineingießen. Etwas *Mehl* von den Rändern der Mulde über den *Hefe-Ansatz* streuen, so dass dieser leicht bedeckt wird.

4. Die Schüssel mit einem Leinentuch oder Cellophan locker zudecken und für ca. 20 Minuten an einen warmen Ort stellen, bis eine Vergrößerung des *Hefe-Ansatzes* sichtbar ist.

5. Die Hälfte des *Pflanzenöls* in die Schüssel geben und die Masse gut durchkneten, so dass ein glatter, reißend fallender *Teig* entsteht.

6. Die Schüssel erneut locker zudecken und für weitere 30 Minuten an einen warmen Ort stellen, bis eine Vergrößerung des *Teiges* sichtbar ist.

7. Den Backofen auf 220°C Ober-/Unterhitze vorheizen.

. . . .
Währenddessen:

8. Eine Backform mit dem restlichen *Pflanzenöl* einfetten. Den *Teig* nochmals gut durchkneten und in zwei gleich große Portionen teilen. Die *Teig-Portionen* jeweils zu einem ca. 15×20 cm breiten Rechteck ausrollen.

9. Das *Tomatenmark* und den *Senf* gleichmäßig auf den *Teig-Rechtecken* verstreichen. Jeweils ein *Würstchen* auf ein bestrichenes *Teig-Rechteck* legen und den *Teig* so herumfalten, dass das Würstchen vollständig umschlossen wird.

. . . .

10. Die teigummantelten *Würstchen* auf das Backblech legen und ca. 25 Minuten backen.

11. Die fertigen Würstchen im Brotteig aus dem Backofen nehmen, auf Tellern anrichten und servieren.

Mittwoch - Linseneintopf

Frühstück

Süßes Frühstück

Grau- oder Toastbrot	2-3 Scheiben
Butter	25 g
Marmelade	25 g
Schokocreme	25 g
Orangen oder Pfirsiche	1 Stück

Zwischenmahlzeit

Sellerie-Apfel-Salat

Rezept auf S. 166.

Abendessen

Brotzeit

Grau-/Schwarzbrot	2-3 Scheiben

Kartoffelcreme

Rezept für die Kartoffelcreme auf S. 173.

Pfandinsky erklärt: Nicht alle Linsensorten erfordern ein Einweichen über Nacht – in diesem Fall direkt mit Schritt (3) beginnen. Die Garungszeiten können je nach Sorte ebenfalls beträchtlich variieren, daher unbedingt auch die Packungsanleitung beachten.

Pfandinsky's Tipp: Sie können für den Linseneintopf anstelle der in den Schritten (4) und (5) hergestellten Klößchen auch Reis verwenden.

Pfandinsky's Tipp: Zum Linseneintopf schmecken auch Würstchen sehr gut. Diese einfach in Schritt (11) hinzugeben.

Hauptmahlzeit   8 Std. + ca. 45 Min.

Linseneintopf

Linsen	*100 g*
Mehl	*80 g*
Karotten	*1 Stück*
Zwiebeln	*1 Stück*
Eier	*1 Stück*
Gemüsebrühe	*1-2 TL (= 400 ml)*
Pflanzenöl	*1 EL*
Essig	*2 EL*
Milch	*1-3 EL*

Salz
Muskatnuss

E 41 g K 113 g F 15 g   3149 kJ / 752 kcal

1. Die *Linsen* in eine Schüssel geben, gut mit *Wasser* bedecken und über Nacht einweichen.

2. Das *Einweichwasser* der *Linsen* abgießen.

3. Ca. 500 ml *Wasser* in einem Topf zum Kochen bringen. Die *Linsen* in das heiße *Wasser* geben und bei geringer Hitze in ca. 30 Minuten gar kochen.

....

Währenddessen:

4. Das *Mehl* in eine Schüssel geben. Das *Ei* hinzugeben, mit einer kleinen Prise *Muskatnuss* und ein wenig *Salz* würzen.

5. Das *Mehl-Ei-Gemisch* mit einem stabilen Kochlöffel zu einem glatten *Teig* verrühren. Der *Teig* sollte eine feste Konsistenz haben, von welcher man kleine Klößchen abstechen kann; ggf. etwas *Milch* oder *Mehl* hinzugeben.

6. Die *Zwiebel* schälen und in kleine Würfel schneiden. Die *Karotten* ebenfalls schälen, der Länge nach halbieren und in dünne Scheiben schneiden.

7. Das *Pflanzenöl* in einem Topf erhitzen. Zunächst die *Zwiebelwürfel* hinzugeben und andünsten, bis sie beginnen glasig zu werden. Anschließend die *Karottenscheiben* hinzufügen und unter gelegentlichem Wenden ca. 5 Minuten dünsten. Danach den Topf vom Herd nehmen und beiseite stellen.

8. In einem weiteren Topf ca. 1 l *Wasser* mit einer Prise *Salz* zum Kochen bringen.

9. Zwei Teelöffel mit *Wasser* anfeuchten und aus dem *Teig* kleine *Klößchen* abstechen und in den Topf mit dem kochenden *Wasser* geben. Die *Klößchen* in ca. 10-15 Minuten bei geringer Hitze gar ziehen lassen.

10. Die fertigen *Klößchen* aus dem *Kochwasser* nehmen, gut abtropfen lassen und auf einen Teller geben.

....

11. Wenn die *Linsen* gar sind, die *Klößchen* und das gedünstete *Zwiebel-Karottengemüse* hinzu geben. Dann das *Brühepulver* einrühren. Den *Essig* hinzufügen, mit *Salz* abschmecken und erneut gut umrühren.

12. Den fertigen *Linseneintopf* nochmals kurz aufkochen lassen, in eine Suppenschale geben und servieren.

Donnerstag - Bananenpfannkuchen

Frühstück

Bananenmüsli

Rezept auf S. 159.

Zwischenmahlzeit

Paprikasalat

Rezept auf S. 167.

Hauptmahlzeit   ca. 45 Min.

Bananenpfannkuchen

Mehl	75 g
Eier	1 Stück
Zucker	20 g
Milch	150 ml
Bananen	1 Stück
Paniermehl	1 EL
Pflanzenöl	4 EL

Salz

E 22 g K 115 g F 36 g   3668 kJ / 876 kcal

1. Das *Ei*, ca. 1 TL *Zucker* und die *Milch* in eine Schüssel geben und mit einem Schneebesen gut verrühren. Mit wenig *Salz* würzen.

2. Nach und nach das *Mehl* einrühren so dass ein dickflüssiger *Teig* entsteht. Beim Einrühren darauf achten, dass keine Klumpen entstehen. Den *Teig* ca. 30 Minuten lang quellen lassen.

3. Die *Banane* schälen und in feine Scheiben schneiden. Die *Bananenscheiben* unter den *Teig* rühren.

4. Ca. 1 EL *Pflanzenöl* in einer Pfanne erhitzen. Etwas *Teig* (ca. eine knappe Schöpfkelle) in die Pfanne geben und mit einer schwenkenden Handbewegung den *Teig* gleichmäßig dünn in der Pfanne verteilen.

5. Den *Pfannkuchen* bei mittlerer Hitze so lange backen, bis der Rand goldgelb und die Oberfläche nicht mehr flüssig ist. Den *Pfannkuchen* vorsichtig mit einer Bratschaufel o.ä. wenden und die andere Seite ebenfalls goldgelb backen.

6. Den fertigen *Pfannkuchen* auf einen Teller geben und zudecken.

....

Die Schritte (4) bis (6) so oft wiederholen, bis der ganze Teig zu Pfannkuchen verarbeitet wurde. (Die Teigmenge ergibt ca. 3 Pfannkuchen.)

....

7. Das restliche *Pflanzenöl* in einer Pfanne erhitzen. Das *Paniermehl* hineingeben und bei mittlerer Hitze hellbraun rösten. Den restlichen *Zucker* hinzufügen und unter ständigem Rühren leicht karamellisieren lassen.

8. Die *Pfannkuchen* auf einem Teller anrichten, mit den karamellisierten *Paniermehl* bestreuen und servieren.

Abendessen

Karottensuppe

Rezept auf S. 178.

Freitag - Spaghetti mit Spinatsauce

Frühstück

Haferbrei

Rezept auf S. 158.

Zwischenmahlzeit

Joghurt

Naturjoghurt	*250 g*
Marmelade	*20 g*

Hauptmahlzeit   ca. 25 Min.

Spaghetti mit Spinatsauce

Spaghetti	*125 g*
Rahmspinat (tiefgekühlt)	*100 g*
Mehl	*1 TL*
Zwiebeln	*1 Stück*
Sahne (süß)	*50 g*
Pflanzenöl	*2 EL*
Salz	
Pfeffer	
Muskatnuss	

E 20 g K 104 g F 33 g   3347 kJ / 800 kcal

1. Die *Zwiebel* schälen und in kleine Würfel schneiden.

2. Ca. 1 EL *Pflanzenöl* in einem Topf erhitzen. Die *Zwiebelwürfel* hinzugeben und glasig dünsten.

3. Den gefrorenen *Rahmspinat* in den Topf zu den gedünsteten *Zwiebelwürfeln* geben. Darin abgedeckt bei mittlerer Hitze auftauen lassen und dabei gelegentlich umrühren. Den aufgetauten *Spinat* ca. 7-10 Minuten fertig garen.

Währenddessen:

4. Ca. 1 l *Wasser* in einem Topf zum Kochen bringen. Ca. 1 EL *Pflanzenöl*, etwas *Salz* und die *Spaghetti* hinzufügen und ca. 8 Minuten kochen/ziehen lassen.

5. Das *Kochwasser* der *Spaghetti* abgießen und die *Spaghetti* zugedeckt warm halten.

6. Die *Sahne* in eine Tasse geben und 1 TL *Mehl* glatt einrühren.

7. Wenn der *Rahmspinat* gar ist, die angerührte *Sahne* hinzugießen, gut umrühren und mit etwas *Salz*, *Pfeffer* und *Muskatnuss* abschmecken. Die fertige *Spinatsauce* nochmals kurz aufkochen lassen.

8. Die *Spaghetti* auf einen Teller geben, die *Spinatsauce* darüber schöpfen und servieren.

Abendessen

Erbsensuppe

Rezept auf S. 182.

Samstag – Pizza Margarita

Frühstück

Deftiges Frühstück

Grau-/Schwarzbrot	2-3 Scheiben
Butter	25 g
Käse	1 Scheibe (ca. 30 g)
Wurst	1 Scheibe (ca. 20 g)
Kräuterfrischkäse	25 g
Tomaten	1 Stück (ca. 100 g)

Zwischenmahlzeit

Obst

Äpfel	1 Stück

Abendessen

Sauerkrautsuppe

Rezept auf S. 182.

Pfandinsky's Tipp: Das hier aufgeführte Grundrezept für eine Pizza Margarita können Sie selbstverständlich auch mit weiteren Zutaten als Belag erweitern: z.B. Peperoni, Oliven, Champignons, Tomaten, Mais, Salami, Schinken... (auch gut zur Resteverwertung geeignet). Wichtig: Damit die Pizza knusprig und aromatisch wie beim Italiener wird, darf sie nicht zu dick belegt werden. Auch muss die hohe Backtemperatur eingehalten werden.

Hauptmahlzeit ca. 90 Min.

Pizza Margarita

Mehl	*200 g*
Hefe (frisch)	*1/4 Würfel (10 g)*
Pflanzenöl	*2 EL*
Tomatenmark	*75 g*
Mozzarella	*125 g*
Salz	
Oregano	
Paprikapulver	

E 43 g K 123 g F 37 g   4196 kJ / 1002 kcal

1. Ca. 75 ml *Wasser* in einem Topf auf Handtemperatur erwärmen (ca. 35°C) und in eine Tasse geben.

2. Einen gehäuften Esslöffel des *Mehls* in das Wasser einrühren und die *Hefe* unter langsamen Umrühren hineinbröckeln, so dass sie sich möglichst gleichmäßig auflöst.

3. Das übrige *Mehl* mit einer Prise *Salz* in eine Schüssel geben und vermengen. In der Mitte des *Mehls* eine Mulde formen und den zuvor hergestellten *Hefe-Ansatz* hineingießen. Etwas *Mehl* von den Rändern der Mulde über den *Hefe-Ansatz* streuen, so dass dieser leicht bedeckt wird.

4. Die Schüssel mit einem Leinentuch oder Cellophan locker zudecken und für ca. 20 Minuten an einen warmen Ort stellen, bis eine Vergrößerung des *Hefe-Ansatzes* sichtbar ist.

5. Ca. 1 EL *Pflanzenöl* in die Schüssel geben und die Masse gut durchkneten, so dass ein glatter, reißend fallender *Teig* entsteht.

6. Die Schüssel erneut locker zudecken und für weitere 20-30 Minuten an einen warmen Ort stellen, bis eine Vergrößerung des *Teiges* sichtbar ist.

7. Den Backofen auf 220°C Ober-/Unterhitze vorheizen.

....
Währenddessen:

8. Eine Backform (Durchmesser: 25-30 cm) mit etwas *Pflanzenöl* gleichmäßig einfetten. Den *Hefeteig* erneut durchkneten und auf dem Blech ausrollen.

9. Das *Tomatenmark* mit dem *Oregano*, etwas *Paprikapulver*, einer kleinen Prise *Salz* und einem EL *Pflanzenöl* gut verrühren und gleichmäßig auf dem *Teig* verstreichen.

10. Den *Mozzarella* in dünne Scheiben schneiden und gleichmäßig auf dem *Teig* verteilen.

....

11. Das Backblech auf mittlerer Höhe in den vorgeheizten Backofen schieben und die *Pizza* in ca. 20 Minuten knusprig backen.

12. Das Backblech aus dem Backofen holen, die fertig gebackene *Pizza Margarita* mit einem Messer oder Pfannenwender vom Blech lösen, ggf. portionieren und servieren.

Sonntag - Kartoffel-Quarkfladen

Sonntagsfrühstück

Brötchen	2 Stück
Butter	25 g
Marmelade	25 g
Käse	1 Scheibe (ca. 30 g)
Wurst	1 Scheibe (ca. 20 g)
Eier	1 Stück (gekocht)
Orangen oder Pfirsiche	1 Stück

Sauerkrautsalat

Rezept auf S. 162.

ca. 45 Min.

Kartoffel-Quarkfladen

Kartoffeln	200 g
Magerquark	80 g
Mehl	50 g
Eier	1 Stück
Apfelmus	200 g
Zucker	40 g
Pflanzenöl	4 EL

Salz
Zimt

E 26 g K 142 g F 31 g   4032 kJ / 963 kcal

1. Die *Kartoffeln* waschen und in einen Topf geben. Soviel *Wasser* hinzugeben, bis die *Kartoffeln* bedeckt sind und zugedeckt zum Kochen bringen. Die *Kartoffeln* bei geringer Hitze ca. 20-30 Minuten zugedeckt köcheln lassen, bis sie weich sind.

2. Wenn die *Kartoffeln* gar sind, das *Kochwasser* abgießen und die *Kartoffeln* pellen. Die gepellten *Kartoffeln* noch heiß mit einer Presse oder einer Gabel zerdrücken.

3. Den *Magerquark* unter die *Kartoffelmasse* rühren. Das *Ei* aufschlagen und zusammen mit der Hälfte des *Zuckers*, einer Prise *Salz*, ca. 30 g *Mehl* in die *Kartoffelmasse* geben und alles gut zu einem *Teig* verkneten.

4. Etwas *Mehl* auf die Handflächen nehmen und aus dem *Kartoffel-Quark-Teig* 5 gleichgroße Kugeln formen und zu ca. 2 cm dicken *Fladen* flachdrücken.

5. Das *Pflanzenöl* in einer Pfanne erhitzen und die *Kartoffel-Quarkfladen* von beiden Seiten goldbraun braten.

6. Die gebratenen *Kartoffel-Quarkfladen* zusammen mit dem *Apfelmus* auf einem Teller anrichten. Ca. 1 EL *Zucker* mit einer guten Prise *Zimt* mischen und je nach Geschmack darüber streuen.

Brotzeit

Grau-/Schwarzbrot	2-3 Scheiben

Paprika-Tomaten-Aufstrich

Rezept für den *Paprika-Tomaten-Aufstrich* auf S. 172.

2. Woche

Einkaufliste nur Hauptmahlzeiten

	Packung / Einheit		Menge [Packungen] je Anzahl Personen			
			1 Pers.	2 Pers.	3 Pers.	4 Pers.
Weizenmehl	1000	g	120 [1]	240 [1]	360 [1]	480 [1]
Reis	500	g	200 [1]	400 [1]	600 [2]	800 [2]
Haferflocken	500	g	20 [1]	40 [1]	60 [1]	80 [1]
Hartweizengrieß	400	g	15 [1]	30 [1]	45 [1]	60 [1]
Spaghetti	500	g	125 [1]	250 [1]	375 [1]	500 [1]
Zucker	1000	g	40 [1]	80 [1]	120 [1]	160 [1]
Tomatenmark	200	g	10 [1]	20 [1]	30 [1]	40 [1]
Senf (scharf)	200	ml	14 [1]	21 [1]	28 [1]	35 [1]
Gemüsebrühe (Pulver)	140	g	5 [1]	10 [1]	15 [1]	20 [1]
Pflanzenöl	1000	ml	120 [1]	240 [1]	360 [1]	480 [1]
Essig	1000	ml	10 [1]	20 [1]	30 [1]	40 [1]
Apfelmus	710	g	200 [1]	400 [1]	600 [1]	800 [2]
Würstchen	5	Stück	2 [1]	4 [1]	6 [2]	8 [2]
Backpulver	10×15	g	10 [1]	20 [1]	30 [1]	40 [1]
Vollmilch	1000	ml	855 [1]	1710 [2]	2565 [3]	3420 [4]
Sahne (süß)	200	g	100 [1]	200 [1]	300 [2]	400 [2]
Magerquark	500	g	150 [1]	300 [1]	450 [1]	600 [2]
Käseaufschnitt	200	g	130 [1]	260 [2]	390 [2]	520 [3]
Eier	6	Stück	4 [1]	8 [2]	12 [2]	16 [3]
Rahmspinat (tiefgekühlt)	450	g	350 [1]	700 [2]	1050 [3]	1400 [4]
Erbsen (tiefgekühlt)	750	g	150 [1]	300 [1]	450 [1]	600 [1]
Kartoffeln	2000	g	700 [1]	1400 [1]	2100 [2]	2800 [2]
Zwiebeln	1000	g	300 [1]	600 [1]	900 [1]	1200 [2]
Karotten	1000	g	400 [1]	800 [1]	1200 [2]	1600 [2]

Gewürze: Salz, Pfeffer, Muskatnuss, Zimt, Paprikapulver

Einkaufliste alle Mahlzeiten

	Packung / Einheit		Menge [Packungen] je Anzahl Personen			
			1 Pers.	2 Pers.	3 Pers.	4 Pers.
Grau- oder Schwarzbrot	500	g	700 [2]	1400 [3]	2100 [5]	2800 [6]
Toastbrot	500	g	100 [1]	200 [1]	300 [1]	400 [1]
Brötchen	–	Stück	3 [–]	6 [–]	9 [–]	12 [–]
Weizenmehl	1000	g	125 [1]	250 [1]	375 [1]	500 [1]
Reis	500	g	250 [1]	500 [1]	750 [2]	1000 [2]
Haferflocken	500	g	100 [1]	200 [1]	300 [1]	400 [1]
Hartweizengrieß	400	g	55 [1]	110 [1]	165 [1]	220 [1]
Spaghetti	500	g	125 [1]	250 [1]	375 [1]	500 [1]
Linsen	500	g	80 [1]	160 [1]	240 [1]	320 [1]
Zucker	1000	g	70 [1]	140 [1]	210 [1]	280 [1]
Marmelade	450	g	70 [1]	140 [1]	210 [1]	280 [1]
Schokocreme	400	g	25 [1]	50 [1]	75 [1]	100 [1]
Rosinen	250	g	20 [1]	40 [1]	60 [1]	80 [1]
Tomatenmark	200	g	80 [1]	160 [1]	240 [2]	320 [2]
Mayonnaise	500	ml	20 [1]	40 [1]	60 [1]	80 [1]
Senf (scharf)	200	ml	14 [1]	28 [1]	42 [1]	56 [1]
Gemüsebrühe (Pulver)	140	g	50 [1]	100 [1]	150 [2]	200 [2]
Pflanzenöl	1000	ml	270 [1]	540 [1]	810 [1]	1080 [2]
Essig	1000	ml	83 [1]	166 [1]	249 [1]	332 [1]
Rote Beete	350	g $^{Abtr.}_{Gew.}$	300 [1]	600 [2]	900 [3]	1200 [4]
Kidney-Bohnen	250	g $^{Abtr.}_{Gew.}$	125 [1]	250 [1]	375 [2]	500 [2]
Apfelmus	710	g	525 [1]	1050 [2]	1575 [3]	2100 [3]
Würstchen	5	Stück	2 [1]	4 [1]	6 [2]	8 [2]
Backpulver	10×15	g	10 [1]	20 [1]	30 [1]	40 [1]
Vollmilch	1000	ml	1375 [2]	2750 [3]	4125 [5]	5500 [6]
Sahne (süß)	200	g	225 [2]	450 [3]	675 [4]	900 [5]
Butter	250	g	110 [1]	220 [1]	330 [2]	440 [2]
Naturjoghurt	500	g	250 [1]	500 [1]	750 [2]	1000 [2]
Magerquark	500	g	375 [1]	750 [2]	1125 [3]	1500 [3]
Buttermilch	500	ml	200 [1]	400 [1]	600 [2]	800 [2]
Käseaufschnitt	200	g	270 [2]	540 [3]	810 [5]	1080 [6]
Wurstaufschnitt	200	g	120 [1]	240 [2]	360 [2]	480 [3]
Kräuterfrischkäse	200	g	25 [1]	50 [1]	75 [1]	100 [1]
Eier	6	Stück	5 [1]	10 [2]	15 [3]	20 [4]
Rahmspinat (tiefgekühlt)	450	g	350 [1]	700 [2]	1050 [3]	1400 [4]
Erbsen (tiefgekühlt)	750	g	150 [1]	300 [1]	450 [1]	600 [1]

	Packung / Einheit		Menge [Packungen] je Anzahl Personen			
			1 Pers.	2 Pers.	3 Pers.	4 Pers.
Kartoffeln	2000	g	700 [1]	1400 [1]	2100 [2]	2800 [2]
Zwiebeln	1000	g	850 [1]	1700 [2]	2550 [3]	3400 [4]
Karotten	1000	g	500 [1]	1000 [1]	1500 [2]	2000 [2]
Tomaten	–	Stück	5 [–]	9 [–]	14 [–]	18 [–]
Zucchini	–	Stück	1 [–]	2 [–]	3 [–]	4 [–]
Salatgurke	–	Stück	1 [–]	2 [–]	3 [–]	4 [–]
Äpfel	–	Stück	3 [–]	5 [–]	8 [–]	10 [–]
Bananen	–	Stück	3 [–]	5 [–]	8 [–]	10 [–]
Pfirsiche oder Orangen	–	Stück	2 [–]	4 [–]	6 [–]	8 [–]
Zitronen	–	Stück	1 [–]	1 [–]	2 [–]	2 [–]

Gewürze: Salz, Pfeffer, Muskatnuss, Zimt, Oregano, Curry, Paprikapulver

Kosten

– nur Hauptmahlzeiten

	Kosten für ganze Packungen			Reine Verbrauchskosten		
	€	Pfand- flaschen	Gold (mg)	€	Pfand- flaschen	Gold (mg)
1 Pers.	20,–	80	622	8,–	32	249
2 Pers.	25,–	100	778	16,–	64	498
3 Pers.	33,–	132	1026	23,–	92	715
4 Pers.	40,–	160	1244	31,–	124	964

– alle Mahlzeiten

	Kosten für ganze Packungen			Reine Verbrauchskosten		
	€	Pfand- flaschen	Gold (mg)	€	Pfand- flaschen	Gold (mg)
1 Pers.	39,–	156	1213	21,–	84	653
2 Pers.	55,–	220	1711	41,–	164	1275
3 Pers.	79,–	316	2457	62,–	248	1928
4 Pers.	96,–	384	2986	82,–	328	2551

Montag - Quark-Gemüse-Auflauf

Frühstück

Apfel-Brot-Cocktail

Rezept auf S. 159.

Zwischenmahlzeit

Obst

Bananen   1 Stück

Abendessen

Brotzeit
mit Linsensalat

Grau-/Schwarzbrot   1 Scheibe
Butter   10 g
Wurst   2 Scheiben (ca. 40 g)

Linsensalat

Rezept für den *Linsensalat* auf
S. 164.

Pfandinsky's Tipp: Der Quark-
Gemüse-Auflauf kann auf vielfälti-
ge Weise variiert werden: Ersetzen
Sie z.B. die Karotten und Erbsen
im Auflauf durch gedünstete Zucchini und Paprika.

Pfandinsky's Tipp: Sie können den
Quark-Gemüse-Auflauf auch mit
fein geschnittenen Kräutern – wie
z.B. Schnittlauch und Petersilie
– verfeinern. Rühren Sie diese in
Schritt (8) einfach in die Quark-
Mischung ein.

Hauptmahlzeit   ca. 60 Min.

Quark-Gemüse-Auflauf

Magerquark	100 g
Erbsen (tiefgekühlt)	150 g
Karotten	2 Stück
Hartweizengrieß	1-2 EL
Kartoffeln	100 g
Zwiebeln	1 Stück
Eier	1 Stück
Sahne (süß)	25 g
Pflanzenöl	2 EL
Senf	1 TL

Salz
Pfeffer
Muskatnuss

E 35 g K 58 g F 27 g   2595 kJ / 620 kcal

1. Die *Karotten* waschen, schälen und in kleine Würfel schneiden.

2. Die *Erbsen* und die *Karottenwürfel* in einen Topf geben und soviel *Wasser* hinzugeben, dass sie bedeckt werden. Das *Wasser* bis zum Kochpunkt erhitzen und das *Karotten-Erbsen-Gemüse* ca. 5 Minuten gar ziehen lassen.

3. Das *Kochwasser* abgießen und das *Karotten-Erbsen-Gemüse* beiseite stellen.

4. Die *Zwiebel* schälen und in feine Würfel schneiden.

5. Ca. 1 EL *Pflanzenöl* in einer Pfanne erhitzen. Die *Zwiebelwürfel* hinzugeben und glasig dünsten. Danach zur Seite stellen.

6. Den Backofen auf 160°C Umluft vorheizen.

Währenddessen:

7. Die *Kartoffeln* waschen, schälen und mit einer Reibe fein reiben oder sehr klein schneiden.

8. Den *Magerquark* in eine Schüssel geben. Das *Ei*, den *Grieß*, die *Sahne*, die geriebene *Kartoffel*, den *Senf*, eine Prise *Salz*, *Pfeffer* und *Muskatnuss* hinzugeben. Diese *Quark-Mischung* gut verrühren.

9. Die gedünsteten *Zwiebelwürfel* und das *Karotten-Erbsen-Gemüse* zu der *Quark-Mischung* geben und alles gut vermengen.

10. Eine Auflaufform mit etwas *Pflanzenöl* einfetten, die *Quark-Gemüse-Mischung* hineingeben und gleichmäßig verteilen.

11. Den *Quark-Gemüse-Auflauf* auf mittlerer Höhe in den vorgeheizten Backofen schieben und ca. 45 Minuten backen.

12. Den fertigen *Quark-Gemüse-Auflauf* aus dem Backofen nehmen, portionieren, auf einem Teller anrichten und servieren.

Dienstag - Spinat mit Spiegelei und Kartoffeln

Frühstück

Grießbrei

Rezept auf S. 159.

Zwischenmahlzeit

Kidneybohnensalat

Rezept auf S. 163.

Hauptmahlzeit   ca. 35 Min.

Spinat mit Spiegelei und Kartoffeln

Kartoffeln	300 g
Pflanzenöl	2 EL
Rahmspinat (tiefgekühlt)	200 g
Eier	2 Stück

Salz

E 23 g K 50 g F 30 g   2381 kJ / 569 kcal

1. Die *Kartoffeln* waschen, schälen und vierteln.

2. Die *Kartoffeln* in einen Topf geben. Soviel *Wasser* hinzugeben, bis die *Kartoffeln* bedeckt sind und zugedeckt zum Kochen bringen. Eine Prise *Salz* hinzufügen. Die *Kartoffeln* bei geringer Hitze ca. 20-30 Minuten zugedeckt köcheln lassen, bis sie weich sind.

Währenddessen:

3. Den gefrorenen *Rahmspinat* in einen Topf geben. Darin abgedeckt bei mittlerer Hitze auftauen und dabei gelegentlich umrühren. Den aufgetauten *Spinat* ca. 7-10 Minuten fertig garen lassen.

4. In einer Pfanne das *Pflanzenöl* erhitzen. Die *Eier* aufschlagen, in die Pfanne geben und ca. 5 Minuten leicht knusprig anbraten; anschließend mit einer Prise *Salz* würzen.

5. Das *Kochwasser* der *Kartoffeln* abgießen. Die *Kartoffeln* mit dem *Spinat* und den *Spiegeleiern* auf einem Teller anrichten und servieren.

Pfandinsky erklärt: Statt dem hier verwendeten tiefgekühlten Rahmspinat kann auch frischer Blattspinat verwendet werden: Hierzu ca. 300 g Blattspinat waschen und leicht abtropfen lassen. Etwas Pflanzenöl in einem Topf erhitzen, den Blattspinat hinzugeben und ca. 5 Minuten abgedeckt bei schwacher Hitze dünsten. Danach einfach mit Schritt (4) fortfahren.

Abendessen

Brotsuppe

Rezept auf S. 179.

Mittwoch - Milchreis

Deftiges Frühstück

Grau-/Schwarzbrot	2-3 Scheiben
Butter	25 g
Käse	1 Scheibe (ca. 30 g)
Wurst	1 Scheibe (ca. 20 g)
Kräuterfrischkäse	25 g
Tomaten	1 Stück (ca. 100 g)

Obst

Äpfel	1 Stück

Milchreis

Reis	100 g
Milch	600 ml
Apfelmus	200 g
Zucker	40 g
Salz	
Zimt	

E 28 g K 180 g F 23 g   4333 kJ / 1035 kcal

1. Eine Schüssel mit ca. 500 ml *Wasser* befüllen, den *Reis* hinzufügen und für 3 Stunden im *Wasser* einweichen.

2. Den eingeweichten *Reis* in ein Sieb geben und gut abtropfen lassen.

3. Einen Kochtopf mit kaltem *Wasser* ausspülen und auf den Herd stellen. Die *Milch*, die Hälfte des *Zuckers*, eine kleine Prise *Salz* und den *Reis* hinzufügen und zum Kochen bringen.

4. Diesen *Milchreis-Ansatz* bei schwacher Hitze abgedeckt ca. 30-40 Minuten quellen lassen. Dabei gelegentlich umrühren.

5. Den restlichen *Zucker* mit einer guten Prise *Zimt* vermischen.

6. Den fertigen *Milchreis* auf einen Teller schöpfen und je nach Geschmack mit dem *Zucker-Zimt-Gemisch* bestreuen. Das *Apfelmus* dazu reichen und servieren.

Pfandinsky's Tipp: Milchreis gelingt problemlos mit Langkornreis (statt dem sonst üblichen Rundkornreis), wenn er vorher in Wasser eingeweicht wird - das ist in diesem Rezept bereits berücksichtigt. Wird stattdessen Rundkornreis verwendet, kann direkt mit Schritt (3) begonnen werden.

Zucchinisuppe

Rezept auf S. 177.

Donnerstag - Karotten-Quiche

Frühstück

Süßes Frühstück

Grau- oder Toastbrot	2-3 Scheiben
Butter	25 g
Marmelade	25 g
Schokocreme	25 g
Orangen oder Pfirsiche	1 Stück

Zwischenmahlzeit

Joghurt

Naturjoghurt	250 g
Marmelade	20 g

Abendessen

Brotzeit

Grau-/Schwarzbrot	2-3 Scheiben
Butter	25 g
Wurst	2 Scheiben (ca. 40 g)
Käse	1 Scheibe (ca. 30 g)
Tomate	1 Stück (ca. 100 g)

Pfandinsky's Tipp: Herzhafter wird die Karotten-Quiche, wenn Sie etwas kleingeschnitten Käse in Schritt (8) unter die Sahne rühren.

Pfandinsky's Tipp: Die Karotten-Quiche kann auch mit etwas Hackfleisch und Tomatenmark verfeinert werden: Braten Sie das Hackfleisch in Schritt (6) einfach zusammen mit den Zwiebelwürfeln kräftig an und rühren Sie in Schritt (8) ca. 1 EL Tomatenmark unter die Sahne.

Hauptmahlzeit   ca. 60 Min.

Karotten-Quiche

Mehl	100 g
Backpulver	1 TL
Pflanzenöl	3 EL
Milch	30 ml
Magerquark	50 g
Karotten	2 Stück
Zwiebeln	1 Stück
Haferflocken	20 g
Essig	1 EL
Sahne (süß)	50 g
Eier	1 Stück

Salz
Pfeffer
Paprikapulver

E 31 g K 103 g F 43 g   3889 kJ / 929 kcal

1. In einer Schüssel das *Mehl* mit dem *Backpulver* mischen. Eine Prise *Salz*, 2 EL *Pflanzenöl*, die *Milch* und den *Magerquark* hinzufügen und zu einem glatten *Teig* kneten.

2. Eine Backform (Durchmesser: 25-30 cm) mit Backpapier auslegen und den Rand mit etwas *Pflanzenöl* einfetten. 2/3 des *Teiges* auf dem Boden der Backform ausrollen.

3. Mit dem restlichen *Teig* eine lange Rolle formen und als Rand auf den *Teigboden* legen. Die *Teigrolle* so an den Rand der Form drücken, dass ein ca. 2 cm hoher Teigrand entsteht.

4. Den Backofen auf 180°C Ober-/Unterhitze vorheizen.

Währenddessen:

5. Die *Karotten* schälen und mit einer Reibe grob raspeln oder in sehr feine Würfel schneiden. Die *Zwiebel* ebenfalls schälen und in feine Würfel schneiden.

6. Das restliche *Pflanzenöl* in einer Pfanne erhitzen. Zunächst die *Zwiebelwürfel* hinzugeben und andünsten, bis sie beginnen glasig zu werden. Anschließend die *Karotten-Raspel* hinzufügen und unter gelegentlichem Wenden ca. 5 Minuten dünsten.

7. Die *Haferflocken* unter das gedünstete *Zwiebel-Karotten-Gemüse* mischen und mit dem *Essig* und einer Prise *Salz*, *Pfeffer* und *Paprikapulver* würzen.

8. Das *Ei* aufschlagen und in einer Schüssel zusammen mit der *Sahne* verquirlen.

9. Das *Zwiebel-Karotten-Gemüse* auf dem *Teigboden* verteilen. Das *Ei-Sahne-Gemisch* gleichmäßig darüber gießen.

10. Die gefüllte Backform in das untere Drittel des vorgeheizten Backofens schieben und ca. 40 Minuten backen.

11. Die fertige *Quiche* aus dem Backofen nehmen, portionieren und auf einem Teller servieren.

Freitag - Käsenudeln

Frühstück

Bananenmüsli

Rezept auf S. 159.

Zwischenmahlzeit

Gurkensalat

Rezept auf S. 164.

Hauptmahlzeit   ca. 20 Min.

Käsenudeln

Spaghetti	125 g
Pflanzenöl	2 EL
Zwiebeln	2 Stück
Milch	70 ml
Käse	3 Scheiben (ca. 80 g)
Salz	

E 40 g K 103 g F 37 g   3815 kJ / 911 kcal

1. Ca. 1 l *Wasser* in einem Topf zum Kochen bringen. Eine Prise *Salz*, 1 EL *Pflanzenöl* und die *Spaghetti* hinzufügen und ca. 8 Minuten kochen/ziehen lassen.

Währenddessen:

2. Den *Käse* in kleine Würfel schneiden.

3. Das *Kochwasser* der *Spaghetti* abgießen und die *Spaghetti* wieder zurück in den Topf geben.

4. Die *Milch* und die *Käsewürfel* zu den *Spaghetti* geben und gut vermengen. Den Topf abdecken. Den *Käse* bei geringer Hitze ca. 10 Minuten lang schmelzen lassen. Dabei gelegentlich umrühren.

Währenddessen:

5. Die *Zwiebeln* schälen und in feine Ringe schneiden.

6. Ca. 1 EL *Pflanzenöl* in einer Pfanne erhitzen. Die *Zwiebelringe* hinzugeben und braten, bis sie knusprig-braun sind.

7. Die fertigen *Käsenudeln* auf einem Teller anrichten, die *Zwiebelringe* darüber geben und servieren.

Abendessen

Brotzeit

Grau-/Schwarzbrot	2-3 Scheiben
Curryaufstrich	

Rezept für den *Curryaufstrich* auf S. 170.

Samstag - Kartoffel-Spinat-Gratin

Frühstück

Birchermüsli

Rezept auf S. 156.

Zwischenmahlzeit

Tomatensalat

Rezept auf S. 165.

Hauptmahlzeit — ca. 90 Min.

Kartoffel-Spinat-Gratin

Kartoffeln	*300 g*
Rahmspinat (tiefgekühlt)	*150 g*
Milch	*80 ml*
Gemüsebrühe	*1/3 TL (= 80 ml)*
Käse	*2 Scheiben (ca. 50 g)*
Pflanzenöl	*2 EL*

Salz
Pfeffer
Muskatnuss

E 25 g K 52 g F 32 g   2522 kJ / 602 kcal

1. Den *Spinat* auf einen Teller legen und auftauen lassen (ca. 30 Minuten).

....

Währenddessen:

2. Die *Kartoffeln* waschen, schälen und in sehr dünne Scheiben schneiden.

3. Eine Auflaufform mit etwas *Pflanzenöl* einfetten. Die *Kartoffelscheiben* gleichmäßig darin aufschichten.

4. Den *Käse* in kleine Würfel schneiden.

....

5. Den aufgetauten *Spinat* leicht ausdrücken, mit einer Prise *Salz*, *Pfeffer* und *Muskatnuss* würzen und zwischen den aufgeschichteten *Kartoffelscheiben* in der Auflaufform verteilen.

6. Den Backofen auf 180°C Umluft vorheizen.

....

Währenddessen:

7. Ca. 80 ml *Wasser* in einem Topf zum Kochen bringen und die *Gemüsebrühe* aufgießen. Dann die *Milch* hinzugeben und gut verrühren.

8. Das *Milch-Brühe-Gemisch* gleichmäßig über den *Auflauf* gießen.

....

9. Den *Auflauf* auf mittlerer Höhe in den vorgeheizten Backofen schieben und 25 Minuten backen.

10. Nach 25 Minuten den *Auflauf* aus dem Backofen nehmen, die *Käsewürfel* darüber streuen und für weitere 25 Minuten fertig backen.

11. Den fertigen *Kartoffel-Spinat-Gratin* aus dem Ofen nehmen, portionieren und servieren.

Abendessen

Zwiebelsuppe

Rezept auf S. 183.

Sonntag - Würstchen-Reis-Gulasch

Frühstück

Sonntagsfrühstück

Brötchen	2 Stück
Butter	25 g
Marmelade	25 g
Käse	1 Scheibe (ca. 30 g)
Wurst	1 Scheibe (ca. 20 g)
Eier	1 Stück (gekocht)
Orangen oder Pfirsiche	1 Stück

Zwischenmahlzeit

Gurkensalat

Rezept auf S. 164.

Hauptmahlzeit   ca. 20 Min.

Würstchen-Reis-Gulasch

Würstchen	2 Stück (ca. 100 g)
Gemüsebrühe	1/2 TL (= 100 ml)
Sahne (süß)	25 g
Milch	50 ml
Senf	1 TL
Tomatenmark	1 TL
Pflanzenöl	1 EL
Mehl	20 g
Reis	100 g
Salz	
Paprikapulver	

E 24 g K 99 g F 43 g   3683 kJ / 880 kcal

1. Die *Würstchen* in dünne Scheiben schneiden.

2. Ca. 1,1 l *Wasser* in einem Topf zum Kochen bringen und eine Prise *Salz* hinzufügen.

3. Mit 100 ml des heißen *Wassers* die *Gemüsebrühe* aufgießen. Den *Reis* in das restliche kochende *Wasser* geben und ca. 12-15 Minuten bei schwacher Hitze kochen lassen. (Die Kochzeit kann je nach Reissorte variieren, daher bitte Packungsanleitung beachten.)

....

Währenddessen:

4. Das *Pflanzenöl* in einer Pfanne erhitzen. Das *Mehl* unter ständigem Rühren hinzufügen und so lange weiter rühren, bis das *Mehl* beginnt leicht bräunlich zu werden.

5. Die *Brühe*, die *Milch* und die *Sahne* unter ständigem Rühren hinzufügen. Weiter rühren, bis keine Klumpen mehr vorhanden sind. Diese *Sauce* 5 Minuten leicht köcheln lassen. Mit *Senf*, *Tomatenmark*, etwas *Paprikapulver* und *Salz* abschmecken.

6. Die *Würstchen* in die *Sauce* geben und ca. 2 Minuten köcheln lassen.

....

7. Wenn der *Reis* gar ist, das *Kochwasser* abgießen und den *Reis* auf einen Teller geben. Das *Würstchengulasch* darüber geben und servieren.

Abendessen

Rote-Beete-Suppe

Rezept auf S. 180.

3. Woche

Einkaufliste nur Hauptmahlzeiten

	Packung / Einheit		Menge [Packungen] je Anzahl Personen			
			1 Pers.	2 Pers.	3 Pers.	4 Pers.
Brötchen	–	Stück	1 [–]	2 [–]	3 [–]	4 [–]
Weizenmehl	1000	g	305 [1]	610 [1]	915 [1]	1220 [2]
Reis	500	g	125 [1]	250 [1]	375 [1]	500 [1]
Spaghetti	500	g	125 [1]	250 [1]	375 [1]	500 [1]
Linsen	500	g	50 [1]	100 [1]	150 [1]	200 [1]
Paniermehl	1000	g	15 [1]	30 [1]	45 [1]	60 [1]
Zucker	1000	g	30 [1]	60 [1]	90 [1]	120 [1]
Tomatenmark	200	g	120 [1]	240 [2]	360 [2]	480 [3]
Gemüsebrühe (Pulver)	140	g	8 [1]	16 [1]	24 [1]	32 [1]
Pflanzenöl	1000	ml	160 [1]	320 [1]	480 [1]	640 [1]
Essig	1000	ml	10 [1]	20 [1]	40 [1]	60 [1]
Kidney-Bohnen	250	g $\frac{Abtr.}{Gew.}$	250 [1]	500 [2]	750 [3]	1000 [4]
Backpulver	10×15	g	7 [1]	14 [1]	21 [1]	28 [1]
Vollmilch	1000	ml	315 [1]	630 [1]	945 [1]	1260 [2]
Sahne (süß)	200	g	100 [1]	200 [1]	300 [2]	400 [2]
Magerquark	500	g	100 [1]	200 [1]	300 [1]	400 [1]
Hefe (frisch)	42	g	10 [1]	20 [1]	30 [1]	40 [1]
Eier	6	Stück	4 [1]	8 [2]	12 [2]	16 [3]
Hackfleisch	–	g	125 [–]	250 [–]	375 [–]	500 [–]
Schinkenspeck	250	g	125 [1]	250 [1]	375 [2]	500 [2]
Kartoffeln	2000	g	250 [1]	500 [1]	750 [1]	1000 [1]
Zwiebeln	1000	g	300 [1]	600 [1]	900 [1]	1200 [2]
Zucchini	–	Stück	1 [–]	2 [–]	3 [–]	4 [–]
Salatgurken	–	Stück	1 [–]	1 [–]	2 [–]	2 [–]
Äpfel	–	Stück	2 [–]	4 [–]	6 [–]	8 [–]

Gewürze: Salz, Pfeffer, Zimt, Oregano, Curry, Paprikapulver, Lorbeerblätter, Chilischote

Einkaufliste alle Mahlzeiten

	Packung / Einheit		Menge [Packungen] je Anzahl Personen			
			1 Pers.	2 Pers.	3 Pers.	4 Pers.
Grau- oder Schwarzbrot	500	g	625 [2]	1250 [3]	1875 [4]	2500 [5]
Toastbrot	500	g	200 [1]	400 [1]	600 [2]	800 [2]
Brötchen	–	Stück	4 [–]	8 [–]	12 [–]	16 [–]
Weizenmehl	1000	g	350 [1]	700 [1]	1050 [2]	1400 [2]
Reis	500	g	125 [1]	250 [1]	375 [1]	500 [1]
Haferflocken	500	g	140 [1]	280 [1]	420 [1]	560 [2]
Hartweizengrieß	400	g	100 [1]	200 [1]	300 [1]	400 [1]
Spaghetti	500	g	125 [1]	250 [1]	375 [1]	500 [1]
Linsen	500	g	130 [1]	260 [1]	390 [1]	520 [2]
Paniermehl	1000	g	15 [1]	30 [1]	45 [1]	60 [1]
Zucker	1000	g	110 [1]	220 [1]	330 [1]	440 [1]
Marmelade	450	g	70 [1]	140 [1]	210 [1]	280 [1]
Schokocreme	400	g	25 [1]	50 [1]	75 [1]	100 [1]
Rosinen	250	g	20 [1]	40 [1]	60 [1]	80 [1]
Tomatenmark	200	g	140 [1]	280 [2]	420 [3]	560 [3]
Senf (scharf)	200	ml	7 [1]	14 [1]	21 [1]	28 [1]
Gemüsebrühe (Pulver)	140	g	53 [1]	106 [1]	159 [2]	212 [2]
Pflanzenöl	1000	ml	325 [1]	650 [1]	975 [1]	1300 [2]
Essig	1000	ml	45 [1]	90 [1]	135 [1]	180 [1]
Kidney-Bohnen	250	g $\frac{Abtr.}{Gew.}$	250 [1]	500 [2]	750 [3]	1000 [4]
Apfelmus	710	g	250 [1]	500 [1]	750 [2]	1000 [2]
Backpulver	10×15	g	7 [1]	14 [1]	21 [1]	28 [1]
Natron	5×5	g	2 [1]	4 [1]	6 [1]	8 [1]
Vollmilch	1000	ml	1165 [2]	2330 [3]	3495 [4]	4660 [5]
Sahne (süß)	200	g	165 [1]	330 [2]	495 [3]	660 [4]
Butter	250	g	100 [1]	200 [1]	300 [2]	400 [2]
Naturjoghurt	500	g	250 [1]	500 [1]	750 [2]	1000 [2]
Magerquark	500	g	180 [1]	360 [1]	540 [2]	720 [2]
Buttermilch	500	ml	100 [1]	200 [1]	300 [1]	400 [1]
Käseaufschnitt	200	g	140 [1]	280 [2]	420 [3]	560 [3]
Wurstaufschnitt	200	g	80 [1]	160 [1]	240 [2]	320 [2]
Kräuterfrischkäse	200	g	105 [1]	210 [2]	315 [2]	420 [3]
Hefe (frisch)	42	g	10 [1]	20 [1]	30 [1]	40 [1]
Eier	6	Stück	6 [1]	12 [2]	18 [3]	24 [4]
Hackfleisch	–	g	125 [–]	250 [–]	375 [–]	500 [–]
Schinkenspeck	250	g	225 [1]	450 [2]	675 [3]	900 [4]

	Packung / Einheit		Menge [Packungen] je Anzahl Personen			
			1 Pers.	**2 Pers.**	**3 Pers.**	**4 Pers.**
Kartoffeln	2000	g	250 [1]	500 [1]	750 [1]	1000 [1]
Zwiebeln	1000	g	750 [1]	1500 [2]	2250 [3]	3000 [3]
Karotten	1000	g	500 [1]	1000 [1]	1500 [2]	2000 [2]
Tomaten	–	Stück	5 [–]	10 [–]	15 [–]	20 [–]
Knollen-Sellerie	–	g	400 [–]	800 [–]	1200 [–]	1600 [–]
Zucchini	–	Stück	2 [–]	4 [–]	6 [–]	8 [–]
Salatgurken	–	Stück	1 [–]	2 [–]	3 [–]	4 [–]
Äpfel	–	Stück	5 [–]	10 [–]	15 [–]	20 [–]
Bananen	–	Stück	1 [–]	2 [–]	3 [–]	4 [–]
Pfirsiche oder Orangen	–	Stück	2 [–]	4 [–]	6 [–]	8 [–]

Gewürze: Salz, Pfeffer, Zimt, Oregano, Curry, Paprikapulver, Lorbeerblättter, Chilischote

Kosten

– nur Hauptmahlzeiten

	Kosten für ganze Packungen			Reine Verbrauchskosten		
	€	Pfand- flaschen	Gold (mg)	€	Pfand- flaschen	Gold (mg)
1 Pers.	21,–	84	653	9,–	36	280
2 Pers.	28,–	112	871	18,–	72	560
3 Pers.	34,–	136	1058	27,–	108	840
4 Pers.	43,–	172	1337	36,–	144	1120

– alle Mahlzeiten

	Kosten für ganze Packungen			Reine Verbrauchskosten		
	€	Pfand- flaschen	Gold (mg)	€	Pfand- flaschen	Gold (mg)
1 Pers.	39,–	156	1213	22,–	88	684
2 Pers.	57,–	228	1773	43,–	172	1337
3 Pers.	79,–	316	2457	64,–	256	1991
4 Pers.	98,–	392	3048	85,–	340	2644

Montag - Apfelküchlein

Frühstück
Deftiges Frühstück

Grau-/Schwarzbrot	*2-3 Scheiben*
Butter	*25 g*
Käse	*1 Scheibe (ca. 30 g)*
Wurst	*1 Scheibe (ca. 20 g)*
Kräuterfrischkäse	*25 g*
Tomaten	*1 Stück (ca. 100 g)*

Zwischenmahlzeit
Zucchinisalat

Rezept auf S. 167.

Hauptmahlzeit   ca. 20 Min.
Apfelküchlein

Mehl	*100 g*
Backpulver	*1 gestr. TL*
Milch	*125 ml*
Eier	*1 Stück*
Zucker	*2 EL*
Äpfel	*2 Stück (ca. 300 g)*
Pflanzenöl	*2 EL*
Salz	
Zimt	

E 22 g K 132 g F 24 g   3524 kJ / 842 kcal

1. Das *Mehl*, das *Backpulver*, eine kleine Prise *Salz* und 1 EL *Zucker* in einer Schüssel vermengen.

2. Das *Ei* und die *Milch* hinzugeben. Die Mischung mit einem Schneebesen zu einem *Teig* verrühren.

3. Die *Äpfel* im Ganzen schälen, das Kerngehäuse herausstechen und die *Äpfel* in ca. 0,5 cm breite Ringscheiben schneiden.

4. Das *Pflanzenöl* in einer Pfanne erhitzen. Die *Apfelringe* gut in den *Teig* tauchen und in dem *Pflanzenöl* von beiden Seiten goldbraun braten.

5. Die gebratenen *Apfelküchlein* auf einem Teller anrichten. Ca. 1 EL *Zucker* mit dem *Zimt* mischen und je nach Geschmack darüber streuen.

> *Pfandinsky's Tipp*: Zu den Apfelküchlein kann auch geschlagene Sahne oder Vanillesauce gereicht werden. Das Rezept für Vanillesauce finden Sie auf S. 112.

Abendessen
Grießklößchensuppe

Rezept auf S. 181.

Dienstag - Gebratener Eierreis mit Zucchini

Frühstück

Müsli-Pancakes

Rezept auf S. 157.

Zwischenmahlzeit

Obst

Bananen	1 Stück

Hauptmahlzeit   ca. 45 Min.

Gebratener Eierreis mit Zucchini

Reis	125 g
Eier	1 Stück
Zucchini	1 Stück
Pflanzenöl	2 EL

Salz
Pfeffer
Paprikapulver
Curry

E 19 g K 101 g F 20 g	2761 kJ / 660 kcal

1. Ca. 1 l *Wasser* in einem Topf zum Kochen bringen und eine Prise *Salz* hinzufügen. Den *Reis* in das kochende *Wasser* geben und ca. 12-15 Minuten bei schwacher Hitze kochen lassen. (Die Kochzeit kann je nach Reissorte variieren, daher bitte Packungsanleitung beachten.)

2. Ist der *Reis* fertig gekocht, das *Kochwasser* abgießen und den *Reis* auskühlen lassen.

....

Währenddessen:

3. Die *Zucchini* waschen und die Enden abschneiden. Die *Zucchini* der Länge nach vierteln und dann in Scheiben schneiden.

4. Das *Ei* aufschlagen, in eine Tasse geben und mit einer Gabel verquirlen.

5. Die Hälfte des *Pflanzenöls* in einer Pfanne erhitzen und die *Zucchini-Stückchen* ca. 5-10 Minuten unter gelegentlichem Wenden anbraten.

6. Die gebratenen *Zucchini-Stückchen* aus der Pfanne in eine Schüssel geben und beiseite stellen.

7. Das verquirlte *Ei* in die Pfanne geben und unter Rühren leicht anbraten.
....

8. Das restliche *Pflanzenöl* und den *Reis* zu dem *Ei* geben. Mit einer Prise *Salz*, einer Prise *Pfeffer*, etwas *Paprikapulver* und zwei Prisen *Curry* würzen, nochmals gut vermengen und bei mittlerer Hitze ca. 10 Minuten gut anbraten.

9. Die *Zucchini-Stückchen* zu dem *Eierreis* geben, gut vermengen und nochmals ca. 5 Minuten erhitzen.

10. Den fertig gebratenen *Eierreis mit Zucchini* auf einem Teller anrichten und servieren.

Abendessen

Tomatensuppe

Rezept auf S. 176.

Mittwoch - Speckpfannkuchen

Frühstück

Haferbrei

Rezept auf S. 158.

Zwischenmahlzeit

Karotten-Sellerie-Salat

Rezept auf S. 166.

Pfandinsky's Tipp: Als süße Variante können Sie zu den Speckpfannkuchen Apfelmus reichen.

Pfandinsky's Tipp: Für eine herzhaftere Variante können Sie den Zucker weglassen und stattdessen in Schritt (8) Zwiebelwürfel zusammen mit den Schinkenspeck-Würfeln anbraten.

Abendessen

Brotzeit

Grau- oder Toastbrot   2-3 Scheiben

Apfelaufstrich

Rezept für den *Apfelaufstrich* auf S. 172.

Hauptmahlzeit   ca. 75 Min.

Speckpfannkuchen

Mehl	125 g
Hefe (frisch)	1/4 Würfel (10 g)
Zucker	1/2 EL
Milch	180 ml
Eier	1 Stück
Pflanzenöl	2 EL
Schinkenspeck (gewürfelt)	75 g
Salz	

[E] 41 g [K] 104 g [F] 34 g   3720 kJ / 888 kcal

1. Den *Schinkenspeck* in feine Würfel oder hauchdünne Streifen schneiden.

2. Ca. 100 ml *Milch* in einem Topf auf Handtemperatur erwärmen (ca. 35°C) und in eine Tasse geben.

3. Einen gehäuften Esslöffel des *Mehls* in die *Milch* einrühren und die *Hefe* unter langsamen Umrühren hineinbröckeln, so dass sie sich möglichst gleichmäßig auflöst.

4. Das übrige *Mehl*, den *Zucker* und eine Prise *Salz* in eine Schüssel geben und gut vermengen. In der Mitte des *Mehls* eine Mulde formen und den zuvor hergestellten *Hefe-Ansatz* hineingießen. Etwas *Mehl* von den Rändern der Mulde über den *Hefe-Ansatz* streuen, so dass dieser leicht bedeckt wird.

5. Die Schüssel mit einem Leinentuch oder Cellophan locker zudecken und für ca. 20 Minuten an einen warmen Ort stellen, bis eine Vergrößerung des *Hefe-Ansatzes* sichtbar ist.

6. Das *Ei* und die restliche *Milch* zu dem *Hefe-Ansatz* hinzugeben und zusammen mit dem *Mehl* zu einem dünnflüssigen *Teig* verrühren.

7. Die Schüssel erneut locker zudecken und für weitere 20-30 Minuten an einen warmen Ort stellen, bis eine Vergrößerung des *Teiges* sichtbar ist.

8. Etwas *Pflanzenöl* in einer Pfanne erhitzen, die gewünschte Menge (die Hälfte) an *Schinkenspeck-Würfeln* hinzugeben und knusprig anbraten.

9. Den *Teig* nochmals kurz umrühren und ca. zwei Schöpfkellen davon möglichst gleichmäßig über den angebratenen *Speck* in die Pfanne geben.

10. Den *Speckpfannkuchen* bei mittlerer Hitze so lange backen, bis der Rand goldgelb und die Oberfläche nicht mehr flüssig ist. Den *Speckpfannkuchen* vorsichtig mit einer Bratschaufel o.ä. wenden und die andere Seite ebenfalls goldgelb backen. Den ausgebackenen *Speckpfannkuchen* auf einen Teller geben.

. . . .

Die Schritte (8) bis (10) so oft wiederholen, bis alle Speckwürfel und der ganze Teig zu Speckpfannkuchen verarbeitet wurde. (Die Teigmenge ergibt 2 Pfannkuchen.)

. . . .

11. Die fertigen *Speckpfannkuchen* auf einem Teller anrichten und servieren.

Donnerstag - Zwiebel-Kartoffel-Auflauf

Frühstück

Süßes Frühstück

Grau- oder Toastbrot	2-3 Scheiben
Butter	25 g
Marmelade	25 g
Schokocreme	25 g
Orangen oder Pfirsiche	1 Stück

Zwischenmahlzeit

Linsensalat

Rezept auf S. 164.

Hauptmahlzeit   ca. 60 Min.

Zwiebel-Kartoffel-Auflauf

Kartoffeln	250 g
Zwiebeln	2 Stück
Sahne (süß)	70 g
Pflanzenöl	1 EL
Salz	
Pfeffer	

E 7 g K 40 g F 27 g   1837 kJ / 439 kcal

1. Die *Zwiebeln* schälen und in dünne Ringe schneiden. Die *Kartoffeln* waschen, schälen und in dünne Scheiben (ca. 2 mm) schneiden.

2. Den Backofen auf 180°C Umluft vorheizen.

Währenddessen:

3. Eine Auflaufform mit dem *Pflanzenöl* einfetten. Abwechselnd die *Kartoffeln* und *Zwiebeln* in die Auflaufform schichten. Jede Schicht mit etwas *Salz* und *Pfeffer* würzen.

4. Die *Sahne* gleichmäßig über den fertig geschichteten *Auflauf* gießen.

5. Den *Auflauf* auf mittlerer Höhe in den vorgeheizten Backofen schieben und ca. 50 Minuten backen.

6. Den fertig gebackenen *Zwiebel-Kartoffel-Auflauf* portionieren, auf einem Teller anrichten und servieren.

Pfandinsky's Tipp: Der Zwiebel-Kartoffel-Auflauf kann auch durch Hackfleisch ergänzt werden. Erhitzen Sie hierzu etwas Pflanzenöl in einer Pfanne und braten Sie das Hackfleisch kurz an. Würzen Sie das angebratene Hackfleisch mit je einer Prise Salz, Pfeffer und Paprikapulver und schichten Sie es in Schritt (3) zwischen die Kartoffelscheiben und Zwiebelringe.

Abendessen

Haferflockensuppe

Rezept auf S. 176.

Freitag - Spaghetti Carbonara

Frühstück

Karamellisierter Armer Ritter

Rezept auf S. 158.

Zwischenmahlzeit

Obst

Äpfel   *1 Stück*

Hauptmahlzeit   ca. 20 Min.

Spaghetti Carbonara

Spaghetti	*125 g*
Pflanzenöl	*2 EL*
Sahne (süß)	*30 g*
Schinkenspeck (gewürfelt)	*50 g*
Eier	*1 Stück*
Salz	

E 32 g K 94 g F 35 g   3463 kJ / 827 kcal

1. Den *Schinkenspeck* in feine Würfel oder hauchdünne Streifen schneiden.

2. Ca. 1 l *Wasser* in einem Topf zum Kochen bringen. Eine Prise *Salz*, etwas *Pflanzenöl* und die *Spaghetti* hinzufügen und ca. 8 Minuten kochen/ziehen lassen.

. . . .

Währenddessen:

3. Ca. 1 EL *Pflanzenöl* in einer Pfanne erhitzen. Den *Schinkenspeck-Würfel* darin knusprig braten.

4. Das *Ei* aufschlagen und *Eiklar* und *Eigelb* in verschiedene Gefäße auftrennen.

5. Zu dem *Eigelb* die *Sahne* hinzugeben und kräftig verrühren. Die *Schinkenspeck-Würfel* und eine Prise *Salz* hinzugeben und alles gut vermengen.

. . . .

6. Das *Kochwasser* der *Spaghetti* abgießen und die *Spaghetti* zurück in den Topf geben und den Topf vom Herd nehmen.

7. Die in (4) hergestellte *Sauce* zu den *Spaghetti* geben und so lange vermischen, bis das *Eigelb* leicht bindet. (Achtung: Nicht zu lange rühren, sonst stockt das Eigelb und wird zu Rührei.)

8. Die fertigen *Spaghetti Carbonara* auf einem Teller anrichten und servieren.

Abendessen

Selleriesuppe

Rezept auf S. 178.

Samstag - Linsenfalafel

Frühstück

Grießbrei

Rezept auf S. 159.

Zwischenmahlzeit

Joghurt

| Naturjoghurt | 250 g |
| Marmelade | 20 g |

Abendessen

Brotzeit

Grau-/Schwarzbrot	2-3 Scheiben
Butter	25 g
Wurst	2 Scheiben (ca. 40 g)
Käse	1 Scheibe (ca. 30 g)
Tomate	1 Stück (ca. 100 g)

Pfandinsky erklärt: Nicht alle Linsensorten erfordern ein Einweichen über Nacht – in diesem Fall direkt mit Schritt (3) beginnen. Die Garungszeiten können je nach Sorte ebenfalls beträchtlich variieren, daher unbedingt auch die Packungsanleitung beachten.

Hauptmahlzeit   8 Std. + ca. 60 Min.

Linsenfalafel

Linsen	50 g
Zwiebeln	1 Stück
Tomatenmark	1 EL
Paniermehl	1 1/2 EL
Salatgurken	1/2 Stück
Magerquark	100 g
Milch	1 EL
Mehl	80 g
Backpulver	1/4 TL
Essig	1 EL
Pflanzenöl	5 EL
Zucker	1/2 TL

Salz
Pfeffer
Paprikapulver

E 38 g K 112 g F 33 g   3772 kJ / 901 kcal

1. Die *Linsen* in eine Schüssel geben, gut mit *Wasser* bedecken und über Nacht einweichen.

2. Das *Einweichwasser* der *Linsen* abgießen.

3. Das *Mehl*, das *Backpulver* und eine Prise *Salz* in eine Schüssel geben und gut vermischen. Einen Esslöffel *Magerquark* und 50 ml *Wasser* hinzufügen und zu einem glatten *Teig* verkneten. Den *Teig* beiseite stellen und ruhen lassen.

4. Die *Linsen* in einen Topf geben, ca. 300 ml *Wasser* hinzugießen und aufkochen lassen. Die *Linsen* bei geringer Hitze in ca. 30 Minuten gar kochen.

....

Währenddessen:

5. Die *Zwiebel* schälen und in kleine *Würfel* schneiden.

6. Ca. 1 EL *Pflanzenöl* in einer Pfanne erhitzen. Die *Zwiebelwürfel* hinzufügen und glasig dünsten und beiseite stellen.

7. Die halbe *Salatgurke* waschen, das Ende abschneiden und in sehr dünne Scheiben schneiden.

8. Den *Essig*, 1/2 EL *Pflanzenöl*, eine Prise *Salz*, *Pfeffer* und etwas *Zucker* in eine Schüssel geben und zu einer *Salatsauce* verrühren. Die *Gurkenscheiben* hinzugeben und gut mit der *Salatsauce* vermengen.

9. Den restlichen *Magerquark* in eine kleine Schüssel geben und mit einem Esslöffel *Milch* glatt rühren.

....

10. Wenn die *Linsen* gar sind, das *Kochwasser* abgießen. Die *Linsen* mit einem Pürierstab fein pürieren.

11. Das *Linsenpüree*, die gedünsteten *Zwiebelwürfel*, das *Paniermehl* und das *Tomatenmark* in eine Schüssel geben. Mit etwas *Salz* und *Paprikapulver* würzen, gut vermengen und zu einem glatten *Teig* verarbeiten. Aus dem *Linsenpüree* kleine Bällchen formen und beiseite stellen.

12. Den in Punkt (3) hergestellten *Teig* in zwei Portionen teilen und zunächst zu gleichmäßigen Kugeln formen. Jede Teigkugel zu einem flachen *Fladen* plattdrücken.

13. Ca. 2 EL *Pflanzenöl* in einer Pfanne erhitzen und die *Linsenpüree-Bällchen* rundherum goldbraun braten.

14. Ca. 1 EL *Pflanzenöl* in einer zweiten Pfanne erhitzen und die *Fladen* darin von jeder Seite ca. 1 Minute backen.

15. Den *Salat* und die *Linsenbällchen* auf einen Teller geben und mit dem *Quark* anrichten. Zusammen mit dem *Fladenbrot* servieren.

Sonntag - Chili con Carne

Frühstück

Sonntagsfrühstück

Brötchen	2 Stück
Butter	25 g
Marmelade	25 g
Käse	1 Scheibe (ca. 30 g)
Wurst	1 Scheibe (ca. 20 g)
Eier	1 Stück (gekocht)
Orangen oder Pfirsiche	1 Stück

Zwischenmahlzeit

Gurkensalat

Rezept auf S. 164.

Hauptmahlzeit   ca. 90 Min.

Chili con Carne

Hackfleisch	125 g
Kidney-Bohnen	1 Dose (ca. 250 g)
Tomatenmark	100 g
Gemüsebrühe	1 1/2 TL (= 300 ml)
Zwiebeln	1 Stück
Pflanzenöl	2 EL
Brötchen	1 Stück

Salz
Chilischote
Oregano
Lorbeerblätter

E 59 g K 90 g F 35 g   3839 kJ / 917 kcal

1. Die *Zwiebel* schälen und in kleine Würfel schneiden. Eine *Chilischote* waschen, den Strunk entfernen und die *Chilischote* in feine Ringe schneiden. (Die Hände danach gut waschen und nicht die Schleimhäute berühren!)

2. Das *Pflanzenöl* in einem Topf erhitzen. Die *Zwiebelwürfel* hinzugeben und glasig dünsten. Dann das *Hackfleisch* hinzugeben und kräftig anbraten.

3. Ca. 300 ml *Wasser* zum Kochen bringen, und die *Suppenbrühe* damit aufgießen. Die *Brühe* zu der angebratenen *Hackfleisch-Zwiebel-Masse* in den Topf gießen.

4. Ein *Loorbeerblatt*, die *Chilischoten-Ringe*, 1/2 TL *Oregano*, das *Tomatenmark* und eine Prise *Salz* hinzugeben und gut verrühren.

5. Die *Kidney-Bohnen* mit dem eigenen *Sud* hinzugeben. Das *Chili con Carne* erneut zum Kochen bringen und bei schwacher Hitze ca. 1 Stunde köcheln lassen, dabei gelegentlich umrühren.

6. Das fertige *Chili con Carne* mit *Salz* abschmecken. In eine Suppenschale füllen und mit dem *Brötchen* servieren.

Abendessen

Brotzeit

Grau- oder Toastbrot	2-3 Scheiben

Herzhafter Speckaufstrich

Rezept für den *Herzhaften Speckaufstrich* auf S. 170.

4. Woche

Einkaufliste nur Hauptmahlzeiten

	Packung / Einheit		Menge [Packungen] je Anzahl Personen			
			1 Pers.	2 Pers.	3 Pers.	4 Pers.
Weizenmehl	1000	g	320 [1]	640 [1]	960 [1]	1280 [2]
Reis	500	g	80 [1]	160 [1]	240 [1]	320 [1]
Hartweizengrieß	400	g	100 [1]	200 [1]	300 [1]	400 [1]
Spaghetti	500	g	125 [1]	250 [1]	375 [1]	500 [1]
Linsen	500	g	50 [1]	100 [1]	150 [1]	200 [1]
Paniermehl	1000	g	10 [1]	20 [1]	30 [1]	40 [1]
Zucker	1000	g	45 [1]	90 [1]	135 [1]	180 [1]
Tomatenmark	200	g	35 [1]	70 [1]	105 [1]	140 [1]
Gemüsebrühe (Pulver)	140	g	8 [1]	16 [1]	24 [1]	32 [1]
Pflanzenöl	1000	ml	90 [1]	180 [1]	270 [1]	360 [1]
Sauerkraut	500	g $\frac{Abtr.}{Gew.}$	325 [1]	650 [2]	975 [2]	1300 [3]
Sauerkirschen (Glas)	350	g $\frac{Abtr.}{Gew.}$	350 [1]	700 [2]	1050 [3]	1400 [4]
Vollmilch	1000	ml	420 [1]	840 [1]	1260 [2]	1680 [2]
Sahne (süß)	200	g	50 [1]	100 [1]	150 [1]	200 [1]
Magerquark	500	g	50 [1]	100 [1]	150 [1]	200 [1]
Käseaufschnitt	200	g	80 [1]	160 [1]	240 [1]	320 [1]
Kräuterfrischkäse	200	g	75 [1]	150 [1]	225 [2]	300 [2]
Hefe (frisch)	42	g	10 [1]	20 [1]	30 [1]	40 [1]
Eier	6	Stück	3 [1]	6 [1]	9 [2]	12 [2]
Hackfleisch	–	g	125 [–]	250 [–]	375 [–]	500 [–]
Kartoffeln	2000	g	500 [1]	1000 [1]	1500 [1]	2000 [1]
Zwiebeln	1000	g	375 [1]	750 [1]	1125 [2]	1500 [2]
Karotten	1000	g	100 [1]	200 [1]	300 [1]	400 [1]
Zucchini	–	Stück	1 [–]	2 [–]	3 [–]	4 [–]

Gewürze: Salz, Pfeffer, Muskatnuss, Zimt, Paprikapulver

Einkaufliste alle Mahlzeiten

	Packung / Einheit		Menge [Packungen] je Anzahl Personen			
			1 Pers.	2 Pers.	3 Pers.	4 Pers.
Grau- oder Schwarzbrot	500	g	650 [2]	1300 [3]	1950 [4]	2600 [6]
Toastbrot	500	g	200 [1]	400 [1]	600 [2]	800 [2]
Brötchen	–	Stück	2 [–]	4 [–]	6 [–]	8 [–]
Weizenmehl	1000	g	320 [1]	640 [1]	960 [1]	1280 [2]
Reis	500	g	130 [1]	260 [1]	390 [1]	520 [2]
Haferflocken	500	g	190 [1]	380 [1]	570 [2]	760 [2]
Hartweizengrieß	400	g	100 [1]	200 [1]	300 [1]	400 [1]
Spaghetti	500	g	125 [1]	250 [1]	375 [1]	500 [1]
Linsen	500	g	50 [1]	100 [1]	150 [1]	200 [1]
Paniermehl	1000	g	10 [1]	20 [1]	30 [1]	40 [1]
Zucker	1000	g	70 [1]	140 [1]	210 [1]	280 [1]
Marmelade	450	g	110 [1]	220 [1]	330 [1]	440 [1]
Schokocreme	400	g	25 [1]	50 [1]	75 [1]	100 [1]
Rosinen	250	g	20 [1]	40 [1]	60 [1]	80 [1]
Tomatenmark	200	g	115 [1]	230 [2]	345 [2]	460 [3]
Mayonnaise	500	ml	30 [1]	60 [1]	90 [1]	120 [1]
Senf (scharf)	200	ml	10 [1]	20 [1]	30 [1]	40 [1]
Gemüsebrühe (Pulver)	140	g	50 [1]	100 [1]	150 [2]	200 [2]
Pflanzenöl	1000	ml	220 [1]	440 [1]	660 [1]	880 [1]
Essig	1000	ml	45 [1]	90 [1]	135 [1]	180 [1]
Essiggurken	370	g $^{Abtr.}_{Gew.}$	30 [1]	60 [1]	90 [1]	120 [1]
Kidney-Bohnen	250	g $^{Abtr.}_{Gew.}$	125 [1]	250 [1]	375 [2]	500 [2]
Sauerkraut	500	g $^{Abtr.}_{Gew.}$	325 [1]	650 [2]	975 [2]	1300 [3]
Sauerkirschen (Glas)	350	g $^{Abtr.}_{Gew.}$	325 [1]	650 [2]	975 [3]	1300 [4]
Thunfisch	150	g $^{Abtr.}_{Gew.}$	75 [1]	150 [1]	225 [2]	300 [2]
Vollmilch	1000	ml	620 [1]	1240 [2]	1860 [2]	2480 [3]
Sahne (süß)	200	g	175 [1]	350 [2]	525 [3]	700 [4]
Butter	250	g	75 [1]	150 [1]	225 [1]	300 [2]
Naturjoghurt	500	g	500 [1]	1000 [2]	1500 [3]	2000 [4]
Magerquark	500	g	100 [1]	200 [1]	300 [1]	400 [1]
Buttermilch	500	ml	200 [1]	400 [1]	600 [2]	800 [2]
Käseaufschnitt	200	g	240 [2]	480 [3]	720 [4]	960 [5]
Wurstaufschnitt	200	g	40 [1]	80 [1]	120 [1]	160 [1]
Kräuterfrischkäse	200	g	220 [2]	440 [3]	660 [4]	880 [5]
Hefe (frisch)	42	g	10 [1]	20 [1]	30 [1]	40 [1]
Eier	6	Stück	6 [1]	12 [2]	18 [3]	24 [4]
Hackfleisch	–	g	125 [–]	250 [–]	375 [–]	500 [–]

	Packung / Einheit		Menge [Packungen] je Anzahl Personen			
			1 Pers.	2 Pers.	3 Pers.	4 Pers.
Erbsen (tiefgekühlt)	750	g	230 [1]	460 [1]	690 [1]	920 [2]
Kartoffeln	2000	g	500 [1]	1000 [1]	1500 [1]	2000 [1]
Zwiebeln	1000	g	900 [1]	1800 [2]	2700 [3]	3600 [4]
Karotten	1000	g	400 [1]	800 [1]	1200 [2]	1600 [2]
Tomaten	–	Stück	4 [–]	8 [–]	12 [–]	16 [–]
Paprika	–	Stück	1 [–]	2 [–]	3 [–]	4 [–]
Zucchini	–	Stück	2 [–]	4 [–]	6 [–]	8 [–]
Äpfel	–	Stück	4 [–]	7 [–]	11 [–]	14 [–]
Bananen	–	Stück	2 [–]	3 [–]	5 [–]	6 [–]
Pfirsiche oder Orangen	–	Stück	2 [–]	4 [–]	6 [–]	8 [–]
Zitronen	–	Stück	1 [–]	2 [–]	3 [–]	4 [–]

Gewürze: Salz, Pfeffer, Muskatnuss, Zimt, Oregano, Curry, Paprikapulver

Kosten

– nur Hauptmahlzeiten

	Kosten für ganze Packungen			Reine Verbrauchskosten		
	€	Pfand- flaschen	Gold (mg)	€	Pfand- flaschen	Gold (mg)
1 Pers.	22,–	88	684	9,–	36	280
2 Pers.	26,–	104	809	17,–	68	529
3 Pers.	35,–	140	1089	25,–	100	778
4 Pers.	40,–	160	1244	33,–	132	1026

– alle Mahlzeiten

	Kosten für ganze Packungen			Reine Verbrauchskosten		
	€	Pfand- flaschen	Gold (mg)	€	Pfand- flaschen	Gold (mg)
1 Pers.	40,–	160	1244	21,–	84	653
2 Pers.	57,–	228	1773	42,–	168	1306
3 Pers.	76,–	304	2364	62,–	248	1928
4 Pers.	95,–	380	2955	83,–	332	2582

Montag - Zwiebel-Käse-Fladen

Frühstück

Karotten-Apfel-Müsli

Rezept auf S. 156.

Zwischenmahlzeit

Obst

Bananen   *1 Stück*

Abendessen

Erbsensuppe

Rezept auf S. 182.

Pfandinsky's Tipp: Der Zwiebel-Käse-Fladen kann auch gut mit Porree statt Zwiebeln gebacken werden. Hierzu 1 Stange Porree putzen, waschen, in feine Streifen schneiden und in Schritt (9) zu der Quark-Käse-Masse geben.

Pfandinsky's Tipp: Wenn Sie mögen, können Sie den Zwiebel-Käse-Fladen auch mit etwas Kümmel würzen.

Hauptmahlzeit ca. 90 Min.

Zwiebel-Käse-Fladen

Mehl	150g
Hefe (frisch)	1/4 Würfel (10 g)
Pflanzenöl	2 EL
Magerquark	50 g
Milch	2 EL
Zwiebeln	2 Stück
Kräuterfrischkäse	50 g
Salz	
Pfeffer	

E 27 g K 119 g F 26g   3428 kJ / 819 kcal

1. Ca. 150 ml *Wasser* in einem Topf auf Handtemperatur erwärmen (ca. 35°C) und in eine Tasse geben.

2. Einen gehäuften Esslöffel des *Mehls* in das *Wasser* einrühren und die *Hefe* unter langsamen Umrühren hineinbröckeln, sodass sie sich möglichst gleichmäßig auflöst.

3. Das übrige *Mehl* und eine Prise *Salz* in eine Schüssel geben und vermengen. In der Mitte des *Mehls* eine Mulde formen und den zuvor hergestellten *Hefe-Ansatz* hineingießen. Etwas *Mehl* von den Rändern der Mulde über den *Hefe-Ansatz* streuen, so dass dieser leicht bedeckt wird.

4. Die Schüssel mit einem Leinentuch oder Cellophan locker zudecken und für ca. 20 Minuten an einen warmen Ort stellen, bis eine Vergrößerung des *Hefe-Ansatzes* sichtbar ist.

5. Ca. 1 EL *Pflanzenöl* in die Schüssel mit dem *Hefe-Ansatz* geben und die Masse gut durchkneten, so dass ein glatter, reißend fallender *Teig* entsteht.

6. Die Schüssel erneut locker zudecken und für weitere 30 Minuten an einen warmen Ort stellen, bis eine Vergrößerung des *Teiges* sichtbar ist.

7. Den Backofen auf 220°C Ober-/Unterhitze vorheizen.

....

Währenddessen:

8. Den *Quark*, den *Kräuterfrischkäse*, die *Milch*, eine Prise *Salz* und *Pfeffer* in eine Schüssel geben und glatt verrühren.

9. Die *Zwiebel* schälen und in kleine Würfel schneiden. Zu der *Quark-Käse-Masse* geben und gut vermengen.

10. Ein Backblech mit etwas *Pflanzenöl* einfetten. Den *Teig* auf dem Backblech dünn gleichmäßig ausrollen (Durchmesser: ca. 30 cm).

11. Die *Quark-Käse-Masse* gleichmäßig auf dem *Teig* verteilen.

....

12. Das Backblech in den Backofen schieben und ca. 30 Minuten backen.

13. Den *Zwiebel-Käse-Fladen* aus dem Backofen holen, leicht auskühlen lassen, portionieren und auf einem Teller servieren.

Dienstag - Klimpersuppe

Frühstück

Herzhafter Frühstücksauflauf

Rezept auf S. 160.

Zwischenmahlzeit

Paprikasalat

Rezept auf S. 167.

Hauptmahlzeit   ca. 25 Min.

Klimpersuppe

Sauerkirschen (entsteint)	175 g
Mehl	100 g
Eier	1 Stück
Zucker	1 EL
Salz	
Zimt	

E 23 g K 122 g F 7 g   2630 kJ / 628 kcal

1. Das *Mehl* in eine Schüssel geben. Das *Ei*, 1 EL *Zucker* und eine kleine Prise *Salz* hinzufügen.

2. Das *Mehl-Ei-Gemisch* mit einem stabilen Kochlöffel zu einem glatten *Teig* verrühren. Der *Teig* sollte eine feste Konsistenz haben, von welcher man kleine Klößchen abstechen kann; ggf. etwas *Wasser* nachgießen.

3. Den *Saft* der *Sauerkirschen* in einen Topf abgießen und mit soviel Wasser auffüllen, bis ein halber Liter Flüssigkeit vorhanden ist. Dann die *Sauerkirschen* ebenfalls in den Topf geben.

4. Die *Sauerkirschen* mit dem *Saft* zum Kochen bringen.

5. Zwei Teelöffel mit *Wasser* anfeuchten und aus dem *Teig* kleine *Klößchen* abstechen und zu den *Kirschen* in den in den Topf geben.

6. Die so hergestellte *Klimpersuppe* ca. 15 Minuten köcheln lassen.

7. Die *Klimpersuppe* mit *Zimt* und *Zucker* abschmecken, in einen tiefen Teller schöpfen und servieren.

Pfandinsky's Tipp: Statt mit Sauerkirschen kann die Klimpersuppe auch mit Pflaumen zubereitet werden.

Abendessen

Brotzeit

Grau-/Schwarzbrot	2-3 Scheiben

Eier-Senfcreme

Rezept für die *Eier-Senfcreme* auf S. 173.

Mittwoch - Schupfnudeln mit Sauerkraut

Frühstück

Porridge

Rezept auf S. 157.

Zwischenmahlzeit

Kidneybohnensalat

Rezept auf S. 163.

Hauptmahlzeit   ca. 60 Min.

Schupfnudeln mit Sauerkraut

Kartoffeln	200 g
Mehl	70 g
Eier	1 Stück
Pflanzenöl	2 EL
Sauerkraut (gegart)	200 g

Salz
Muskatnuss

E 21 g K 81 g F 19 g   2503 kJ / 598 kcal

1. Die *Kartoffeln* waschen und in einen Topf geben. Soviel *Wasser* hinzugeben, bis die *Kartoffeln* bedeckt sind und zugedeckt zum Kochen bringen. Die *Kartoffeln* bei geringer Hitze ca. 20-30 Minuten zugedeckt köcheln lassen, bis sie weich sind.

2. Wenn die *Kartoffeln* gar sind, das *Kochwasser* abgießen und die *Kartoffeln* pellen. Die gepellten *Kartoffeln* noch heiß mit einer Presse oder einer Gabel zerdrücken. Die zerdrückten *Kartoffeln* gut auskühlen lassen.

3. Die zerdrückten *Kartoffeln*, ca. 80 g *Mehl*, das *Ei*, eine Prise *Salz* und eine Prise *Muskatnuss* in eine Schüssel geben und alles gut zu einem *Teig* verkneten.

4. Etwas *Mehl* auf die Handflächen nehmen und aus dem *Kartoffel-Teig* ca. 4 cm lange, fingerdicke Rollen formen, die zu den Enden hin etwas dünner werden.

5. Ca. 2 Liter *Wasser* zum Kochen bringen und 2 Prisen *Salz* hinzugeben. Die zuvor gerollten *Schupfnudeln* in das kochende *Wasser* geben, nochmals bis zum Siedepunkt erhitzen und die *Schupfnudeln* unbedeckt in ca. 4 Minuten gar ziehen lassen. (Das Wasser soll sich leicht bewegen, aber nicht kochen!)

6. Die gegarten *Schupfnudeln* vorsichtig aus dem *Kochwasser* nehmen und abtropfen lassen.

7. Das *Pflanzenöl* in einer Pfanne erhitzen und das *Sauerkraut* kurz anbraten. Die gegarten *Schupfnudeln* hinzugeben und bei mittlerer Hitze ca. 8 Minuten anbraten. Dabei mehrmals vorsichtig wenden.

8. Die *Schupfnudeln* mit dem *Sauerkraut* auf einem Teller anrichten und servieren.

Abendessen

Haferflockensuppe

Rezept auf S. 176.

Donnerstag - Gefüllte Zucchini

Frühstück

Deftiges Frühstück

Grau-/Schwarzbrot	2-3 Scheiben
Butter	25 g
Käse	1 Scheibe (ca. 30 g)
Wurst	1 Scheibe (ca. 20 g)
Kräuterfrischkäse	25 g
Tomaten	1 Stück (ca. 100 g)

Pfandinsky's Tipp: Statt einer Zucchini können Sie auch eine Aubergine zum Füllen verwenden. Die Zubereitung und Garungszeiten sind hierbei identisch.

Pfandinsky's Tipp: Statt Reis können Sie auch Pellkartoffeln oder Kartoffelpürree als Beilage reichen.

Zwischenmahlzeit

Joghurt

Naturjoghurt	250 g
Marmelade	20 g

Abendessen

Tomatensuppe

Rezept auf S. 176.

Hauptmahlzeit ca. 60 Min.

Gefüllte Zucchini

Zucchini	1 Stück
Zwiebeln	1 Stück
Reis	80 g
Hackfleisch	125 g
Pflanzenöl	1 EL
Paniermehl	1 EL
Tomatenmark	25 g
Gemüsebrühe	1 TL (= 200 ml)
Käse	1 Scheibe (ca. 30 g)
Salz	
Pfeffer	
Paprikapulver	

E 48 g K 87 g F 36g   3608 kJ / 862 kcal

1. Die *Zucchini* waschen, die Enden abschneiden und der Länge nach halbieren. Die *Zucchinihälften* mit einem Teelöffel leicht aushöhlen, das *Fruchtfleisch* herausnehmen und in Würfel schneiden. Die *Zwiebel* schälen und ebenfalls in Würfel schneiden.

2. Ca. 1 EL *Pflanzenöl* in einer Pfanne erhitzen und die *Zwiebelwürfel* darin glasig dünsten. Dann die *Zucchiniwürfel* hinzufügen und kurz mitdünsten. Das *Tomatenmark* hinzufügen und gut vermengen. Danach vom Herd nehmen.

3. Das *Hackfleisch* mit dem *Paniermehl* und dem gedünsteten *Zucchini-Zwiebel-Gemüse* in eine Schüssel geben und gut vermengen. Mit *Salz*, *Pfeffer* und *Paprikapulver* würzen.

4. Den Backofen auf 180°C Umluft vorheizen.

Währenddessen:

5. Die *Zucchinihälften* mit der ausgehöhlten Seite nach oben in eine Auflaufform legen und die zuvor hergestellte *Hackfleisch-Zucchini-Zwiebel-Masse* in beiden Hälften verteilen.

6. Ca. 200 ml *Wasser* zum Kochen bringen und die *Gemüsebrühe* aufgießen.

7. Die *Suppenbrühe* in die Auflaufform mit den gefüllten *Zucchini-Hälften* gießen, auf mittlerer Höhe in den vorgeheizten Backofen schieben und ca. 30 Minuten backen.

Währenddessen:

8. Ca. 1 l *Wasser* zum Kochen bringen, eine Prise *Salz* und den *Reis* hinzugeben und ca. 12-15 Minuten bei schwacher Hitze kochen lassen. (Die Kochzeit kann je nach Reissorte variieren, daher bitte Packungsanleitung beachten.)

9. Ist der *Reis* fertiggekocht, das *Kochwasser* abgießen und den *Reis* warm halten.

10. Nach ca. 30 Minuten Backzeit die *Zucchini-Hälften* aus dem Backofen holen. Die *Käsescheibe* halbieren und jeweils auf die *Zucchini-Hälften* legen. Danach für weitere 15 Minuten backen.

11. Die fertig gebackenen *gefüllten Zucchini* aus dem Backofen nehmen und mit dem Reis auf einem Teller anrichten. Nach Belieben mit dem *Brühe-Zucchinisud* übergießen und servieren.

Freitag – Spaghetti mit Linsen

Frühstück

Süßes Frühstück

Grau- oder Toastbrot	*2-3 Scheiben*
Butter	*25 g*
Marmelade	*25 g*
Schokocreme	*25 g*
Orangen oder Pfirsiche	*1 Stück*

Pfandinsky erklärt: Nicht alle Linsensorten erfordern ein Einweichen über Nacht – in diesem Fall direkt mit Schritt (3) beginnen. Die Garungszeiten können je nach Sorte ebenfalls beträchtlich variieren, daher unbedingt auch die Packungsanleitung beachten.

Zwischenmahlzeit

Joghurt

Naturjoghurt	*250 g*
Marmelade	*20 g*

Abendessen

Zucchinisuppe

Rezept auf S. 177.

Hauptmahlzeit · 8 Std. + ca. 45 Min.

Spaghetti mit Linsen

Spaghetti	*125 g*
Linsen	*50 g*
Pflanzenöl	*2 EL*
Karotten	*1 Stück*
Zwiebeln	*1 Stück*
Sahne (süß)	*50 g*
Gemüsebrühe	*1/4 TL (= 50 ml)*
Salz	

E 30 g K 125 g F 31 g   3791 kJ / 906 kcal

1. Die *Linsen* in eine Schüssel geben, gut mit *Wasser* bedecken und über Nacht einweichen.

2. Das *Einweichwasser* der *Linsen* abgießen.

3. Ca. 500 ml *Wasser* in einem Topf zum Kochen bringen. Die *Linsen* in das heiße *Wasser* geben und bei geringer Hitze in ca. 30 Minuten gar kochen.

Während dessen:

4. Die *Zwiebel* schälen und in kleine Würfel schneiden. Die *Karotten* ebenfalls schälen und in ca. 1/2 cm große Würfel schneiden.

5. Die Hälfte des *Pflanzenöls* in einer Pfanne erhitzen. Zunächst die *Zwiebelwürfel* hinzugeben und andünsten, bis sie beginnen glasig zu werden. Anschließend die *Karottenwürfel* hinzufügen und unter gelegentlichem Wenden ca. 5 Minuten dünsten.

6. Wenn die *Linsen* gar sind, das *Kochwasser* abgießen und die *Linsen* zur Seite stellen.

7. Erneut ca. 1 l *Wasser* in einem Topf zum Kochen bringen. Mit 50 ml des heißen *Wassers* die *Gemüsebrühe* aufgießen. In den Topf mit dem kochenden *Wasser* eine Prise *Salz*, das restliche *Pflanzenöl* und die *Spaghetti* hinzufügen und ca. 8 Minuten kochen/ziehen lassen.

8. Die gekochten *Linsen* zu den gedünsteten *Karotten*- und *Zwiebelwürfeln* in die Pfanne geben. Danach die *Sahne* und die *Brühe* hinzugießen. Gut vermischen und mit *Salz* abschmecken.

9. Das *Kochwasser* der *Spaghetti* abgießen, und die *Spaghetti* je nach Wunsch mit der *Linsensauce* vermengen; auf einem Teller anrichten und servieren.

Samstag - Gefüllte Kartoffeln mit Sauerkraut

Frühstück

Birchermüsli

Rezept auf S. 156.

Zwischenmahlzeit

Erbsen-Karotten-Salat

Rezept auf S. 163.

Pfandinsky's Tipp: Die gefüllten Kartoffeln mit Sauerkraut können Sie auch mit fein geschnittenen Schinkenspeck-Würfeln verfeinern. Braten Sie diese in Schritt (4) zusammen mit den Zwiebelwürfeln kross an.

Abendessen

Brotzeit

Grau-/Schwarzbrot   *2-3 Scheiben*

Thunfischpaste

Rezept für die *Thunfischpaste* auf S. 170.

Hauptmahlzeit   ca. 75 Min.

Gefüllte Kartoffeln mit Sauerkraut

Kartoffeln	2 Stück (ca. 300 g)
Zwiebeln	1 Stück
Sauerkraut (gegart)	125 g
Kräuterfrischkäse	25 g
Tomatenmark	10 g
Käse	2 Scheiben (ca. 50 g)
Pflanzenöl	1 EL

Salz
Pfeffer
Paprikapulver

E 24 g K 51 g F 25 g   2259 kJ / 539 kcal

1. Die *Kartoffeln* sehr gründlich waschen, in einen Topf geben und mit Wasser auffüllen, bis sie knapp bedeckt sind. Die *Kartoffeln* in ca. 25-30 Minuten gar kochen.

Währenddessen:

2. Die *Zwiebel* schälen und in kleine Würfel schneiden.

3. Wenn die *Kartoffeln* gar sind, das *Kochwasser* abgießen und die *Kartoffeln* etwas abkühlen lassen.

4. Das *Pflanzenöl* in einer Pfanne erhitzen. Die *Zwiebelwürfel* hinzufügen und glasig dünsten. Danach vom Herd nehmen.

5. Von den leicht abgekühlten *Kartoffeln* der Länge nach einen Deckel abschneiden. Mit einem Teelöffel die *Kartoffel* jeweils so aushöhlen, dass eine ca. 1/2 cm breite Ummantelung vorhanden bleibt.

6. Die *Kartoffel-Deckel* und das herausgenommene *Kartoffel-Mark* etwas zerkleinern und zu den *Zwiebelwürfeln* geben.

7. Den Backofen auf 160°C Umluft vorheizen.

Währenddessen:

8. Das *Sauerkraut* (ggf. vorher abtropfen lassen) zu der *Kartoffel-Zwiebelmischung* geben, den *Kräuterfrischkäse* und das *Tomatenmark* unterrühren. Mit *Paprikapulver*, *Salz* und *Pfeffer* würzen und alles gut vermengen.

9. Die ausgehöhlten *Kartoffeln* in eine Auflaufform legen und die *Sauerkraut-Kartoffel-Zwiebelmischung* in die *Kartoffeln* füllen.

10. Den *Käse* klein schneiden und auf den gefüllten *Kartoffeln* verteilen.

11. Die *Kartoffeln* auf mittlerer Höhe in den vorgeheizten Backofen schieben und ca. 20 Minuten backen.

12. Die fertig gebackenen *gefüllten Kartoffeln* aus dem Backofen nehmen, auf einem Teller anrichten und servieren.

Sonntag - Kirschenjockele

Frühstück

Sonntagsfrühstück

Brötchen	2 Stück
Butter	25 g
Marmelade	25 g
Käse	1 Scheibe (ca. 30 g)
Wurst	1 Scheibe (ca. 20 g)
Eier	1 Stück (gekocht)
Orangen oder Pfirsiche	1 Stück

Zwischenmahlzeit

Obst

Äpfel	1 Stück

Hauptmahlzeit   ca. 90 Min.

Kirschenjockele

Hartweizengrieß	100 g
Zucker	25 g
Milch	400 ml
Eier	1 Stück
Sauerkirschen (entsteint)	175 g
Pflanzenöl	1 EL

E 37 g K 143 g F 27 g   4001 kJ / 956 kcal

1. Die *Milch* in einem Topf zum Kochen bringen.

2. Den *Grieß* unter ständigem Rühren in die *Milch* geben. Bei geringer Hitze ca. 5 Minuten weiterrühren, bis das Gemisch zu einem Brei eindickt. Den Topf vom Herd nehmen und den *Grießbrei* darin abkühlen lassen.

3. Den Backofen auf 170°C Umluft vorheizen.

Währenddessen:

4. Das *Ei* aufschlagen und *Eiklar* und *Eigelb* in verschiedene Gefäße auftrennen.

5. Das *Eigelb* in eine Schüssel geben, den *Zucker* hinzugeben und schaumig rühren.

6. Das *Eiklar* in einer sauberen (fettfreien!) Schüssel steif schlagen, so dass *Eischnee* entsteht.

7. Eine Auflaufform mit dem *Pflanzenöl* einfetten.

8. Das schaumig gerührte *Eigelb* und die *Kirschen* (ggf. vorher abtropfen lassen) zum *Grießbrei* geben und vorsichtig unterrühren. Danach den *Eischnee* hinzugeben und vorsichtig unterheben.

9. Die fertige *Grieß-Ei-Kirsch-Masse* in die eingefettete Auflaufform geben und auf mittlerer Höhe in den vorgeheizten Backofen schieben und ca. 60 Minuten backen.

10. Den fertig gebackenen *Kirschenjockele* aus dem Backofen nehmen, portionieren, auf einen Teller geben und servieren.

Abendessen

Brotsuppe

Rezept auf S. 179.

5. Woche

Einkaufliste nur Hauptmahlzeiten

	Packung / Einheit		Menge [Packungen] je Anzahl Personen			
			1 Pers.	2 Pers.	3 Pers.	4 Pers.
Weizenmehl	1000	g	580 [1]	1160 [2]	1740 [2]	2320 [3]
Reis	500	g	100 [1]	200 [1]	300 [1]	400 [1]
Spaghetti	500	g	125 [1]	250 [1]	375 [1]	500 [1]
Linsen	500	g	150 [1]	300 [1]	450 [1]	600 [2]
Zucker	1000	g	80 [1]	160 [1]	240 [1]	320 [1]
Puderzucker	250	g	5 [1]	10 [1]	15 [1]	20 [1]
Marmelade	450	g	20 [1]	40 [1]	60 [1]	80 [1]
Tomatenmark	200	g	80 [1]	160 [1]	240 [2]	320 [2]
Gemüsebrühe (Pulver)	140	g	2 [1]	4 [1]	6 [1]	8 [1]
Pflanzenöl	1000	ml	230 [1]	460 [1]	690 [1]	920 [1]
Essig	1000	ml	35 [1]	70 [1]	105 [1]	140 [1]
Essiggurken	370	g $\frac{Abtr.}{Gew.}$	15 [1]	30 [1]	45 [1]	60 [1]
Apfelmus	710	g	450 [1]	900 [2]	1350 [2]	1800 [3]
Backpulver	10×15	g	3 [1]	5 [1]	8 [1]	10 [1]
Natron	5×5	g	3 [1]	5 [1]	8 [1]	10 [1]
Vollmilch	1000	ml	460 [1]	920 [1]	1380 [2]	1840 [2]
Magerquark	500	g	250 [1]	500 [1]	750 [2]	1000 [2]
Buttermilch	500	ml	200 [1]	400 [1]	600 [2]	800 [2]
Käseaufschnitt	200	g	30 [1]	60 [1]	90 [1]	120 [1]
Hefe (frisch)	42	g	20 [1]	40 [1]	60 [2]	80 [2]
Eier	6	Stück	4 [1]	8 [2]	12 [2]	16 [3]
Fischstäbchen	450	g	210 [1]	420 [1]	630 [2]	840 [2]
Rosenkohl (tiefgekühlt)	450	g	225 [1]	450 [1]	675 [2]	900 [2]
Kartoffeln	2000	g	350 [1]	700 [1]	1050 [1]	1400 [1]
Zwiebeln	1000	g	225 [1]	450 [1]	675 [1]	900 [1]
Karotten	1000	g	200 [1]	400 [1]	600 [1]	800 [1]
Äpfel	–	Stück	1 [–]	2 [–]	3 [–]	4 [–]

Gewürze: Salz, Muskatnuss, Zimt, Paprikaplver, Petersilie

Einkaufliste alle Mahlzeiten

	Packung / Einheit		Menge [Packungen] je Anzahl Personen			
			1 Pers.	2 Pers.	3 Pers.	4 Pers.
Grau- oder Schwarzbrot	500	g	650 [2]	1300 [3]	1950 [4]	2600 [6]
Toastbrot	500	g	100 [1]	200 [1]	300 [1]	400 [1]
Brötchen	–	Stück	3 [–]	6 [–]	9 [–]	12 [–]
Weizenmehl	1000	g	605 [1]	1210 [2]	1815 [2]	2410 [3]
Reis	500	g	150 [1]	300 [1]	450 [1]	600 [2]
Haferflocken	500	g	120 [1]	240 [1]	360 [1]	480 [1]
Hartweizengrieß	400	g	60 [1]	120 [1]	180 [1]	240 [1]
Spaghetti	500	g	125 [1]	250 [1]	375 [1]	500 [1]
Linsen	500	g	150 [1]	300 [1]	450 [1]	600 [2]
Zucker	1000	g	140 [1]	280 [1]	420 [1]	560 [1]
Puderzucker	250	g	5 [1]	10 [1]	15 [1]	20 [1]
Marmelade	450	g	110 [1]	220 [1]	330 [1]	440 [1]
Schokocreme	400	g	25 [1]	50 [1]	75 [1]	100 [1]
Rosinen	250	g	20 [1]	40 [1]	60 [1]	80 [1]
Tomatenmark	200	g	80 [1]	160 [1]	240 [2]	320 [2]
Mayonnaise	500	ml	20 [1]	40 [1]	60 [1]	80 [1]
Gemüsebrühe (Pulver)	140	g	60 [1]	120 [1]	180 [2]	240 [2]
Pflanzenöl	1000	ml	390 [1]	780 [1]	1170 [2]	1560 [2]
Essig	1000	ml	78 [1]	156 [1]	234 [1]	312 [1]
Essiggurken	370	g $^{Abtr.}_{Gew.}$	60 [1]	120 [1]	180 [1]	240 [1]
Apfelmus	710	g	450 [1]	900 [2]	1350 [2]	1800 [3]
Backpulver	10×15	g	3 [1]	5 [1]	8 [1]	10 [1]
Natron	5×5	g	3 [1]	5 [1]	8 [1]	10 [1]
Vollmilch	1000	ml	1110 [2]	2220 [3]	3330 [4]	4440 [5]
Sahne (süß)	200	g	125 [1]	250 [2]	375 [2]	500 [3]
Butter	250	g	100 [1]	200 [1]	300 [2]	400 [2]
Naturjoghurt	500	g	500 [1]	1000 [2]	1500 [3]	2000 [3]
Magerquark	500	g	300 [1]	600 [2]	900 [2]	1200 [3]
Buttermilch	500	ml	400 [1]	800 [2]	1200 [3]	1600 [4]
Käseaufschnitt	200	g	170 [1]	340 [2]	510 [3]	680 [4]
Wurstaufschnitt	200	g	80 [1]	160 [1]	240 [2]	320 [2]
Kräuterfrischkäse	200	g	45 [1]	90 [1]	135 [1]	180 [1]
Hefe (frisch)	42	g	20 [1]	40 [1]	60 [2]	80 [2]
Eier	6	Stück	6 [1]	12 [2]	18 [3]	24 [4]
Fischstäbchen	450	g	210 [1]	420 [1]	630 [2]	840 [2]
Rosenkohl (tiefgekühlt)	450	g	225 [1]	450 [1]	675 [2]	900 [2]

	Packung / Einheit		Menge [Packungen] je Anzahl Personen			
			1 Pers.	2 Pers.	3 Pers.	4 Pers.
Kartoffeln	2000	g	450 [1]	900 [1]	1350 [2]	1800 [2]
Zwiebeln	1000	g	675 [1]	1350 [2]	2025 [3]	2700 [3]
Karotten	1000	g	700 [1]	1400 [2]	2100 [3]	2800 [3]
Tomaten	–	Stück	5 [–]	9 [–]	14 [–]	18 [–]
Paprika	–	Stück	1 [–]	2 [–]	3 [–]	4 [–]
Knollen-Sellerie	–	g	300 [–]	600 [–]	900 [–]	1200 [–]
Zucchini	–	Stück	1 [–]	2 [–]	3 [–]	4 [–]
Salatgurke	–	Stück	1 [–]	2 [–]	3 [–]	4 [–]
Äpfel	–	Stück	5 [–]	9 [–]	14 [–]	18 [–]
Bananen	–	Stück	2 [–]	3 [–]	5 [–]	6 [–]
Pfirsiche oder Orangen	–	Stück	2 [–]	4 [–]	6 [–]	8 [–]
Zitronen	–	Stück	1 [–]	1 [–]	2 [–]	2 [–]

Gewürze: Salz, Pfeffer, Muskatnuss, Zimt, Oregano, Curry, Paprikapulver, Petersilie

Kosten

– nur Hauptmahlzeiten

	Kosten für ganze Packungen			Reine Verbrauchskosten		
	€	Pfand-flaschen	Gold (mg)	€	Pfand-flaschen	Gold (mg)
1 Pers.	23,–	92	715	9,–	36	280
2 Pers.	28,–	112	871	17,–	68	529
3 Pers.	35,–	140	1089	25,–	100	778
4 Pers.	41,–	164	1275	33,–	132	1026

– alle Mahlzeiten

	Kosten für ganze Packungen			Reine Verbrauchskosten		
	€	Pfand-flaschen	Gold (mg)	€	Pfand-flaschen	Gold (mg)
1 Pers.	40,–	160	1244	22,–	88	684
2 Pers.	58,–	232	1804	44,–	176	1369
3 Pers.	81,–	324	2519	65,–	260	2022
4 Pers.	98,–	392	3048	87,–	348	2706

Montag - Kartoffelpuffer

Frühstück

Bananenmüsli

Rezept auf S. 159.

Zwischenmahlzeit

Tomatensalat

Rezept auf S. 165.

Hauptmahlzeit   ca. 30 Min.

Kartoffelpuffer

Kartoffeln	*350 g*
Zwiebeln	*1 Stück*
Eier	*1 Stück*
Magerquark	*50 g*
Mehl	*20 g*
Pflanzenöl	*5 EL*
Apfelmus	*225 g*
Salz	
Muskatnuss	

E 23 g K 109 g F 37 g   3680 kJ / 879 kcal

1. Die *Kartoffeln* waschen, schälen und mit einer Reibe klein reiben. Die *Zwiebel* schälen und ebenfalls klein reiben.

2. Die geriebenen *Kartoffeln*, die geriebene *Zwiebel*, das *Ei*, den *Magerquark* und das *Mehl* in eine Schüssel geben und gut vermengen. Eine Prise *Muskatnuss* und etwas *Salz* hinzugeben und alles gut zu einem *Teig* verkneten.

3. Etwas *Pflanzenöl* in einer Pfanne erhitzen. Je nach Pfannengröße mit einem Esslöffel 1-2 kleine Portionen *Teig* in die Pfanne geben und sofort dünn ausstreichen. Bei mittlerer Hitze in ca. 8 Minuten von beiden Seiten knusprig braten.

4. Die gebratenen *Kartoffelpuffer* aus der Pfanne nehmen und warm halten.

....

Die Schritte (3) und (4) so oft wiederholen, bis der ganze Teig verarbeitet wurde.

....

5. Die fertigen *Kartoffelpuffer* auf einem Teller anrichten und je nach Belieben zusammen mit dem *Apfelmus* servieren.

Pfandinsky's Tipp: Noch lockerer und knuspriger werden die Kartoffelpuffer, wenn Sie ca. 1 EL Haferflocken in Schritt (2) in den Teig einkneten.

Abendessen

Brotzeit

Grau-/Schwarzbrot	*2-3 Scheiben*
Butter	*25 g*
Wurst	*2 Scheiben (ca. 40 g)*
Käse	*1 Scheibe (ca. 30 g)*
Tomate	*1 Stück (ca. 100 g)*

Dienstag - Buttermilch-Pancakes

Frühstück

Deftiges Frühstück

Grau-/Schwarzbrot	2-3 Scheiben
Butter	25 g
Käse	1 Scheibe (ca. 30 g)
Wurst	1 Scheibe (ca. 20 g)
Kräuterfrischkäse	25 g
Tomaten	1 Stück (ca. 100 g)

Zwischenmahlzeit

Joghurt

Naturjoghurt	250 g
Marmelade	20 g

Hauptmahlzeit   ca. 30 Min.

Buttermilch-Pancakes

Mehl	100 g
Buttermilch	200 ml
Backpulver	1/2 TL
Natron	1/2 TL
Eier	1 Stück
Zucker	2 EL
Pflanzenöl	2 EL
Puderzucker	1 TL
Apfelmus	225 g
Salz	

E 24 g K 143 g F 21 g   3642 kJ / 870 kcal

1. In einer größeren Schüssel das *Mehl* mit dem *Backpulver*, dem *Natron* und einer Prise *Salz* mischen.

2. Das *Ei* in eine zweite Schüssel geben. Die *Buttermilch* und den *Zucker* hinzugeben und alles mit einem Schneebesen gut verrühren.

3. Die *Ei-Buttermilch-Mischung* zu der *Mehlmischung* geben und mit einem Schneebesen unterrühren, so dass ein dünnflüssiger *Teig* entsteht. Den *Teig* ca. 15 Minuten quellen lassen.

4. Das *Pflanzenöl* in einer Pfanne erhitzen. Für jeden *Pancake* ca. 2 EL *Teig* in die Pfanne geben und bei mittlerer Hitze von beiden Seiten goldbraun ausbacken. Den *Pancake* erst mit einer Bratschaufel wenden, wenn die Oberfläche nicht mehr flüssig ist und sich kleine Blasen bilden.

5. Die fertig gebackenen *Buttermilch-Pancakes* auf einem Teller anrichten, nach Belieben mit *Puderzucker* bestreuen und servieren. Dazu *Apfelmus* reichen.

Abendessen

Karottensuppe

Rezept auf S. 178.

Mittwoch - Linsenfrikadellen

Frühstück

Süßes Frühstück

Grau- oder Toastbrot	2-3 Scheiben
Butter	25 g
Marmelade	25 g
Schokocreme	25 g
Orangen oder Pfirsiche	1 Stück

Zwischenmahlzeit

Gurkensalat

Rezept auf S. 164.

Abendessen

Selleriesuppe

Rezept auf S. 178.

Pfandinsky erklärt: Nicht alle Linsensorten erfordern ein Einweichen über Nacht – in diesem Fall direkt mit Schritt (3) beginnen. Die Garungszeiten können je nach Sorte ebenfalls beträchtlich variieren, daher unbedingt auch die Packungsanleitung beachten.

Pfandinsky's Tipp: Die Linsenfrikadellen lassen sich auch gut im Backofen garen: Heizen Sie den Backofen auf 180°C Umluft vor. Fetten Sie ein Backblech mit etwas Pflanzenöl ein und verteilen Sie die Linsenfrikadellen darauf. Bestreichen Sie auch die Oberseite der Linsenfrikadellen mit etwas Pflanzenöl. Die gesamte Backzeit beträgt 30-40 Minuten. Nach der Hälfte der Backzeit wenden Sie die Linsenfrikadellen mit einer Bratschaufel o.ä..

Hauptmahlzeit   8 Std. + ca. 60 Min.

Linsenfrikadellen

Linsen	150 g
Pflanzenöl	5 EL
Zwiebeln	1 Stück
Eier	1 Stück
Mehl	40 g
Magerquark	200 g
Milch	1 EL

Salz
Pfeffer
Paprikapulver
Petersilie (getrocknet)

E 72 g K 109 g F 40 g   4523 kJ / 1080 kcal

1. Die *Linsen* in eine Schüssel geben, gut mit *Wasser* bedecken und über Nacht einweichen.

2. Das *Einweichwasser* der *Linsen* abgießen.

3. Ca. 500 ml *Wasser* in einem Topf zum Kochen bringen. Die *Linsen* in das heiße *Wasser* geben und bei geringer Hitze in ca. 30 Minuten gar kochen.

....
Währenddessen:

4. Die *Zwiebel* schälen und in kleine Würfel schneiden.

5. Das *Pflanzenöl* in einer Pfanne erhitzen. Die *Zwiebelwürfel* hinzugeben und andünsten, bis sie beginnen glasig zu werden. Die Pfanne vom Herd nehmen und zur Seite stellen.

....

6. Wenn die *Linsen* gar sind, das *Kochwasser* abgießen und die *Linsen* mit einem Mixer o.ä. pürieren.

7. Das *Ei*, die angedünsteten *Zwiebeln*, ca. 1 TL *Petersilie* und 2 EL *Mehl* zum *Linsenpüree* hinzugeben und alles gut vermengen. Mit je einer Prise *Pfeffer*, *Paprikapulver* und *Salz* abschmecken und gut auskühlen lassen.

8. Etwas *Mehl* auf einen Teller geben. Aus dem erkalteten *Linsenpüree* kleine *Frikadellen* formen und von beiden Seiten im *Mehl* wenden.

9. Das restliche *Pflanzenöl* in einer Pfanne erhitzen und die *Linsenfrikadellen* bei mittlerer Hitze von beiden Seiten knusprig braten.

....
Währenddessen:

10. Den *Quark*, eine Prise *Salz* und die *Milch* in eine Schüssel geben und glatt rühren.

....

11. Die gebratenen *Linsenfrikadellen* auf einem Teller anrichten und mit dem *Quark* servieren.

Donnerstag - Spaghetti mit Rosenkohl

Frühstück

Karamellisierter Armer Ritter

Rezept auf S. 158.

Pfandinsky's Tipp: Noch cremi-gere Spaghetti mit Rosenkohl er-halten Sie, wenn Sie die Milch ganz oder teilweise durch Sahne ersetzen. Außerdem können Sie in Schritt (7) zusammen mit den Ge-würzen auch etwas Käse in die Be-chamelsauce einrühren.

Zwischenmahlzeit

Joghurt

Naturjoghurt	250 g
Marmelade	20 g

Abendessen

Brotzeit

Grau-/Schwarzbrot	2-3 Scheiben
Gurkenaufstrich	

Rezept für den *Gurkenaufstrich* auf S. 172.

Hauptmahlzeit   ca. 30 Min.

Spaghetti
mit Rosenkohl

Spaghetti	*125 g*
Mehl	*10 g*
Rosenkohl (tiefgekühlt)	*225 g*
Pflanzenöl	*3 EL*
Milch	*100 ml*
Gemüsebrühe	*1/3 TL (= 70 ml)*
Essig	*1/2 TL*
Salz	
Paprikapulver	
Muskatnuss	

E 26 g K 106 g F 35 g   3363 kJ / 803 kcal

1. Bei nicht-tiefgekühltem *Rosenkohl* jeweils die äußeren Blätter entfernen, beim Strunkansatz kreuzförmig einschneiden und kurz waschen.

2. Den *Rosenkohl* in einen Topf geben und mit *Wasser* bedecken. Eine Prise *Salz* hinzufügen und ca. 8-10 Minuten kochen.

3. Wenn der *Rosenkohl* gar ist, das verwendete *Kochwasser* in ein Auffanggefäß abgießen. Den *Rosenkohl* zugedeckt warm halten.

4. Ca. 70 ml des heißen *Rosenkohlwassers* in eine Tasse geben und das *Brühepulver* einrühren.

5. Ca. 1 l *Wasser* in einem Topf zum Kochen bringen. Eine Prise *Salz*, etwas *Pflanzenöl* und die *Spaghetti* hinzufügen und ca. 8 Minuten kochen/ziehen lassen.

....
Währenddessen:

6. In einem kleinen Topf ca. 2 EL *Pflanzenöl* erhitzen und das *Mehl* unter ständigem Rühren mit einem Schneebesen hinzufügen. Unter ständigem Rühren so viel kaltes(!) *Wasser* hinzufügen, bis ein sehr dicker *Brei* entsteht. So lange weiter rühren, bis keine Klumpen mehr vorhanden sind. Nach und nach unter ständigem Rühren die *Milch* hinzufügen.

7. Nun langsam die zuvor angerührte *Rosenkohl-Brühe* und so viel von dem übrigen aufgefangenen *Rosenkohlwasser* in den *Brei* hineinrühren, bis die gewünschte Saucen-Konsistenz erreicht ist. Die so hergestellte *Bechamelsauce* mit *Paprikapulver*, *Muskatnuss*, *Salz* und wenig *Essig* würzen.

....

8. Wenn die *Spaghetti* gar sind, das *Kochwasser* abgießen.

9. Die *Spaghetti* mit dem *Rosenkohl* auf einem Teller anrichten, je nach Wunsch mit *Bechamelsauce* übergießen und servieren.

Freitag - Fischstäbchenburger

Frühstück

Haferbrei

Rezept auf S. 158.

Zwischenmahlzeit

Gurkensalat

Rezept auf S. 164.

> *Pfandinsky's Tipp*: Das Backrezept für *Burgerbrötchen* finden Sie auf S. 186. Backen Sie am besten auch gleich die für Samstag benötigte Menge mit.

Hauptmahlzeit   ca. 20 Min.

Fischstäbchenburger

Burgerbrötchen	*2 Stück*
Fischstäbchen	*4 Stück (120 g)*
Tomatenmark	*50 g*
Essiggurken	*1 Stück*
Käse	*1 Scheibe (ca. 30 g)*
Pflanzenöl	*1 EL*

E 42 g K 187 g F 43 g   5621 kJ / 1343 kcal

1. Das *Pflanzenöl* in einer Pfanne erhitzen und die *Fischstäbchen* bei mittlerer Hitze unter mehrfachem Wenden in 10 Minuten goldgelb braten.

Währenddessen:

2. Die *Burgerbrötchen* aufschneiden und jeweils die untere Hälfte mit dem *Tomatenmark* bestreichen. Die *Essiggurke* in dünne Scheiben schneiden und auf dem *Tomatenmark* verteilen.

3. Jeweils 2 *Fischstäbchen* auf die bestrichene *Burgerbrötchen-Hälfte* geben, 1/2 Scheibe *Käse* darauf legen und mit der anderen *Burgerbrötchen-Hälfte* bedecken.

4. Die fertigen *Fischstäbchenburger* auf einem Teller anrichten und servieren.

> *Pfandinsky's Tipp*: Der Fischstäbchenburger kann auch mit Senf, Mayonnaise, Salatgurkenscheiben, Zwiebelringen und Salatblättern ergänzt oder variiert werden.

Abendessen

Zucchinisuppe

Rezept auf S. 177.

Samstag - Scheiterhaufen

Frühstück

Birchermüsli

Rezept auf S. 156.

Zwischenmahlzeit

Paprikasalat

Rezept auf S. 167.

> *Pfandinsky's Tipp*: Das *Burger-brötchen*-Backrezept. finden Sie auf S. 186.

Hauptmahlzeit   ca. 60 Min.

Scheiterhaufen

Burgerbrötchen	2 Stück
Zucker	20 g
Äpfel	1 Stück (ca. 150 g)
Marmelade	1 EL
Eier	1 Stück
Milch	125 ml
Salz	

E 36 g K 214 g F 32 g   5405 kJ / 1291 kcal

1. Die *Burgerbrötchen* in fingerdicke Scheiben schneiden.

2. Die *Milch*, den *Zucker* und das *Salz* in eine Schüssel geben. Das *Ei* aufschlagen und *Eiklar* und *Eigelb* in verschiedene Gefäße auftrennen. Das *Eigelb* zu der *Milchmischung* geben und gut verrühren.

3. Das *Eiklar* in einer sauberen (fettfreien!) Schüssel steif schlagen. Den fertigen *Eischnee* kühl stellen.

4. Die *Brötchenscheiben* jeweils solange in die *Milch-Ei-Mischung* eintauchen, bis sie vollständig eingeweicht sind.

5. Den Backofen auf 175°C Umluft vorheizen.

....
Währenddessen:

6. Den *Apfel* waschen, entkernen und in kleine Scheiben schneiden.

7. Eine Auflaufform mit dem *Pflanzenöl* einfetten. Abwechselnd die eingeweichten *Brötchenscheiben* und die *Apfelscheiben* in die Auflaufform schichten.

....

8. Die *Auflauf* auf mittlerer Höhe in den vorgeheizten Backofen schieben und ca. 30 Minuten backen.

9. Den *Auflauf* aus dem Ofen nehmen und den *Eischnee* gleichmäßig darauf verteilen. Den *Auflauf* für weitere 10-15 Minuten backen.

10. Den *Auflauf* erneut aus dem Ofen nehmen, mit der *Marmelade* bestreichen und für weitere 3 Minuten backen.

11. Den fertigen *Scheiterhaufen-Auflauf* endgültig aus dem Ofen nehmen, portionieren, auf einem Teller anrichten und servieren.

Abendessen

Zwiebelsuppe

Rezept auf S. 183.

Sonntag – Reis Süß-Sauer mit Fisch

Frühstück

Sonntagsfrühstück

Brötchen	*2 Stück*
Butter	*25 g*
Marmelade	*25 g*
Käse	*1 Scheibe (ca. 30 g)*
Wurst	*1 Scheibe (ca. 20 g)*
Eier	*1 Stück (gekocht)*
Orangen oder Pfirsiche	*1 Stück*

Zwischenmahlzeit

Obst

Äpfel	*1 Stück*

Abendessen

Grießklößchensuppe

Rezept auf S. 181.

Pfandinsky's Tipp: Zusätzlich oder als Ersatz für die Karotten können Sie den Reis Süß-Sauer mit Fisch auch gut mit Paprika, Zucchini oder Champignons zubereiten. Das jeweilige Gemüse waschen, putzen, klein schneiden und wie die Karotten ab Schritt (5) verwenden.

Pfandinsky's Tipp: Der süß-saure Fisch schmeckt anstatt mit Reis auch sehr gut mit Spaghetti. Diese können Sie für ein intensiveres Geschmackserlebnis auch nach dem Kochen zusätzlich kurz in etwas Pflanzenöl anbraten.

Hauptmahlzeit   ca. 45 Min.

Reis Süß-Sauer mit Fisch

Reis	100 g
Mehl	10 g
Zucker	20 g
Pflanzenöl	2 EL
Tomatenmark	30 g
Karotten	2 Stück
Zwiebeln	1 Stück
Fischstäbchen	3 Stück (ca. 90 g)
Essig	3 EL
Salz	

E 24 g K 137 g F 21 g   3477 kJ / 830 kcal

1. Ca. 1 l *Wasser* zum Kochen bringen und eine Prise *Salz* hinzufügen. Den *Reis* in das kochende *Wasser* geben und ca. 12-15 Minuten bei schwacher Hitze kochen lassen. (Die Kochzeit kann je nach Reissorte variieren, daher bitte Packungsanleitung beachten.)

....

Währenddessen:

2. Die *Zwiebel* schälen und in dünne *Ringe* schneiden. Die *Karotten* ebenfalls schälen, der Länge nach vierteln und in dünne Stifte schneiden.

3. Die Hälfte des *Pflanzenöls* in einer Pfanne erhitzen und die *Fischstäbchen* unter mehrfachem Wenden in ca. 10 Minuten goldbraun braten. Die *Fischstäbchen* in grobe Stücke zerteilen und auf einem Teller beiseite legen.

....

4. Ist der *Reis* fertiggekocht, das *Kochwasser* abgießen und den *Reis* abgedeckt zur Seite stellen.

5. Das restliche *Pflanzenöl* in die Pfanne geben und erhitzen. Zunächst die *Zwiebelringe* andünsten, bis sie glasig sind. Anschließend die *Karottenstifte* hinzufügen und unter gelegentlichem Wenden ca. 5 Minuten mitdünsten.

6. Das *Mehl* in einer Schale mit ein wenig *Wasser* anrühren, bis keine Klümpchen mehr vorhanden sind.

7. Den *Essig*, den *Zucker*, eine Prise *Salz*, das *Tomatenmark* und 200 ml *Wasser* zu dem *Gemüse* geben und gut durchmischen. Dann das *Wasser-Mehlgemisch* hinzufügen und gut vermengen. Nochmals aufkochen lassen.

8. Die gebratenen *Fischstäbchen-Stücke* zu dem *Gemüse* geben und nochmals erwärmen.

9. Den *Reis* auf einen Teller geben, das süß-saure *Fisch-Gemüse* darüber schöpfen und servieren.

6. Woche

Einkaufliste nur Hauptmahlzeiten

	Packung / Einheit		Menge [Packungen] je Anzahl Personen			
			1 Pers.	2 Pers.	3 Pers.	4 Pers.
Brötchen (alt)	–	Stück	5 [–]	10 [–]	15 [–]	20 [–]
Weizenmehl	1000	g	50 [1]	100 [1]	150 [1]	200 [1]
Reis	500	g	70 [1]	140 [1]	210 [1]	280 [1]
Haferflocken	500	g	125 [1]	250 [1]	375 [1]	500 [1]
Spaghetti	500	g	125 [1]	250 [1]	375 [1]	500 [1]
Zucker	1000	g	20 [1]	40 [1]	60 [1]	80 [1]
Tomatenmark	200	g	100 [1]	200 [1]	300 [2]	400 [2]
Gemüsebrühe (Pulver)	140	g	27 [1]	54 [1]	81 [1]	108 [1]
Pflanzenöl	1000	ml	230 [1]	460 [1]	690 [1]	920 [1]
Essig	1000	ml	32 [1]	64 [1]	96 [1]	128 [1]
Essiggurken	370	g $\frac{Abtr.}{Gew.}$	60 [1]	120 [1]	180 [1]	240 [1]
Vollmilch	1000	ml	330 [1]	660 [1]	990 [1]	1320 [2]
Sahne (süß)	200	g	140 [1]	280 [2]	420 [3]	560 [3]
Käseaufschnitt	200	g	30 [1]	60 [1]	90 [1]	120 [1]
Kräuterfrischkäse	200	g	20 [1]	40 [1]	60 [1]	80 [1]
Eier	6	Stück	4 [1]	8 [2]	12 [2]	16 [3]
Fischstäbchen	450	g	120 [1]	240 [1]	360 [1]	480 [2]
Rosenkohl (tiefgekühlt)	450	g	225 [1]	450 [1]	675 [2]	900 [2]
Kartoffeln	2000	g	550 [1]	1100 [1]	1650 [1]	2200 [1]
Zwiebeln	1000	g	450 [1]	900 [1]	1350 [2]	1800 [2]
Karotten	1000	g	400 [1]	800 [1]	1200 [2]	1600 [2]
Champignons	–	g	150 [–]	300 [–]	450 [–]	600 [–]
Äpfel	–	Stück	1 [–]	2 [–]	3 [–]	4 [–]

Gewürze: Salz, Pfeffer, Muskatnuss, Zimt, Oregano, Curry, Paprikapulver, Petersilie

Einkaufliste alle Mahlzeiten

	Packung / Einheit		Menge [Packungen] je Anzahl Personen			
			1 Pers.	2 Pers.	3 Pers.	4 Pers.
Grau- oder Schwarzbrot	500	g	700 [2]	1400 [3]	2100 [5]	2800 [6]
Toastbrot	500	g	200 [1]	400 [1]	600 [2]	800 [2]
Brötchen	–	Stück	7 [–]	14 [–]	21 [–]	28 [–]
Weizenmehl	1000	g	75 [1]	150 [1]	225 [1]	300 [1]
Reis	500	g	70 [1]	140 [1]	210 [1]	280 [1]
Haferflocken	500	g	235 [1]	470 [1]	705 [2]	940 [2]
Hartweizengrieß	400	g	100 [1]	200 [1]	300 [1]	400 [1]
Spaghetti	500	g	125 [1]	250 [1]	375 [1]	500 [1]
Zucker	1000	g	70 [1]	140 [1]	210 [1]	280 [1]
Marmelade	450	g	70 [1]	140 [1]	210 [1]	280 [1]
Schokocreme	400	g	25 [1]	50 [1]	75 [1]	100 [1]
Rosinen	250	g	20 [1]	40 [1]	60 [1]	80 [1]
Tomatenmark	200	g	200 [1]	400 [2]	600 [3]	800 [4]
Senf (scharf)	200	ml	10 [1]	20 [1]	30 [1]	40 [1]
Gemüsebrühe (Pulver)	140	g	70 [1]	140 [1]	210 [2]	280 [2]
Pflanzenöl	1000	ml	375 [1]	750 [1]	1125 [2]	1500 [2]
Essig	1000	ml	80 [1]	160 [1]	240 [1]	320 [1]
Essiggurken	370	g $\frac{Abtr.}{Gew.}$	75 [1]	150 [1]	225 [1]	300 [1]
Rote Beete	350	g $\frac{Abtr.}{Gew.}$	200 [1]	400 [2]	600 [2]	800 [3]
Kidney-Bohnen	250	g $\frac{Abtr.}{Gew.}$	125 [1]	250 [1]	375 [2]	500 [2]
Apfelmus	710	g	450 [1]	900 [1]	1350 [2]	2060 [3]
Backpulver	10×15	g	2 [1]	4 [1]	6 [1]	8 [1]
Natron	5×5	g	2 [1]	4 [1]	6 [1]	8 [1]
Vollmilch	1000	ml	1050 [2]	2100 [3]	3150 [4]	4200 [5]
Sahne (süß)	200	g	180 [1]	360 [2]	540 [3]	720 [4]
Butter	250	g	75 [1]	150 [1]	225 [1]	300 [2]
Naturjoghurt	500	g	250 [1]	500 [1]	750 [2]	1000 [2]
Magerquark	500	g	255 [1]	510 [1]	765 [2]	1020 [3]
Buttermilch	500	ml	300 [1]	600 [2]	900 [2]	1200 [3]
Käseaufschnitt	200	g	140 [1]	280 [2]	420 [3]	560 [3]
Wurstaufschnitt	200	g	60 [1]	120 [1]	180 [1]	240 [2]
Kräuterfrischkäse	200	g	80 [1]	160 [1]	240 [2]	320 [2]
Eier	6	Stück	6 [1]	12 [2]	18 [3]	24 [4]
Schinkenspeck	250	g	100 [1]	200 [1]	300 [2]	400 [2]
Fischstäbchen	450	g	120 [1]	240 [1]	360 [1]	480 [2]
Rosenkohl (tiefgekühlt)	450	g	225 [1]	450 [1]	675 [2]	900 [2]

	Packung / Einheit		Menge [Packungen] je Anzahl Personen			
			1 Pers.	2 Pers.	3 Pers.	4 Pers.
Kartoffeln	2000	g	650 [1]	1300 [1]	1950 [1]	2600 [2]
Zwiebeln	1000	g	1000 [1]	2000 [2]	3000 [3]	4000 [4]
Karotten	1000	g	1000 [1]	2000 [2]	3000 [3]	4000 [1]
Champignons	–	g	150 [–]	300 [–]	450 [–]	600 [–]
Tomaten	–	Stück	4 [–]	8 [–]	12 [–]	16 [–]
Paprika	–	Stück	2 [–]	4 [–]	6 [–]	8 [–]
Zucchini	–	Stück	1 [–]	2 [–]	3 [–]	4 [–]
Äpfel	–	Stück	5 [–]	10 [–]	15 [–]	20 [–]
Bananen	–	Stück	2 [–]	3 [–]	5 [–]	6 [–]
Pfirsiche oder Orangen	–	Stück	2 [–]	4 [–]	6 [–]	8 [–]
Zitronen	–	Stück	1 [–]	2 [–]	3 [–]	4 [–]

Gewürze: Salz, Pfeffer, Muskatnuss, Zimt, Oregano, Curry, Paprikapulver, Petersilie

Kosten

– nur Hauptmahlzeiten

	Kosten für ganze Packungen			Reine Verbrauchskosten		
	€	Pfand- flaschen	Gold (mg)	€	Pfand- flaschen	Gold (mg)
1 Pers.	21,–	84	653	10,–	40	311
2 Pers.	27,–	108	840	19,–	76	591
3 Pers.	35,–	140	1089	28,–	112	871
4 Pers.	44,–	176	1369	37,–	148	1151

– alle Mahlzeiten

	Kosten für ganze Packungen			Reine Verbrauchskosten		
	€	Pfand- flaschen	Gold (mg)	€	Pfand- flaschen	Gold (mg)
1 Pers.	41,–	164	1275	24,–	96	746
2 Pers.	60,–	240	1866	47,–	188	1462
3 Pers.	84,–	336	2613	70,–	280	2177
4 Pers.	107,–	428	3328	94,–	376	2924

Montag - Frittierte Essiggurken
mit Karottenrisotto

Frühstück

Grießbrei
Rezept auf S. 159.

Zwischenmahlzeit

Obst

Bananen   1 Stück

Abendessen

Brotzeit

Grau-/Schwarzbrot   2-3 Scheiben

Paprika-Tomaten-Aufstrich

Rezept für den Paprika-Tomaten-Aufstrich auf S. 172.

Hauptmahlzeit   ca. 45 Min.

Frittierte Essiggurken mit Karottenrisotto

Frittierte Essiggurken:

Essiggurken	4 Stück
Eier	1 Stück
Mehl	2 EL
Milch	1 EL
Gurkenwasser	1 EL
Pflanzenöl	2 EL

Salz
Pfeffer
Paprikapulver

Karottenrisotto:

Reis	70 g
Zwiebeln	1 Stück
Karotten	2 Stück
Kräuterfrischkäse	20 g
Käse	1 Scheibe (ca. 30 g)
Pflanzenöl	1 EL
Gemüsebrühe	1 1/4 TL (= 250 ml)

Salz
Curry

E 27 g K 88 g F 38 g   3359 kJ / 802 kcal

1. Das *Ei* zusammen mit dem *Mehl*, der *Milch* und dem *Gurkenwasser* in eine Schüssel geben. Mit *Salz*, *Pfeffer* und *Paprikapulver* würzen und alles gut zu einem *Teig* vermengen.

2. Die *Zwiebel* und die *Karotten* schälen und in kleine Würfel schneiden.

3. Ca. 1 EL *Pflanzenöl* in einer Pfanne erhitzen, die *Zwiebelwürfel* hinzufügen und glasig dünsten.

4. Den *Reis*, die *Karottenwürfel* und 1/2 TL *Curry* hinzufügen, vermengen und ca. 3 Minuten mitdünsten.

5. Ca. 250 ml *Wasser* zum Kochen bringen und die *Gemüsebrühe* aufgießen.

6. Die Hälfte der *Brühe* an den *Reis* gießen und unter gelegentlichem Rühren leicht köcheln lassen.

7. Wenn der *Reis* die *Brühe* größtenteils aufgesaugt hat, wieder etwas *Brühe* nachgießen und bei geringer Hitze weiter köcheln lassen. Dabei gelegentlich umrühren.

....

Den Schritt (7) so oft wiederholen, bis der *Reis* gar ist und die *Brühe* größtenteils aufgesaugt und verdampft ist (ca. 25-30 Minuten).

....

....

Währenddessen:

8. Die *Essiggurken* der Länge nach dritteln und trocken tupfen.

9. Die *Essiggurkenstifte* in den unter (1) hergestellten *Teig* tauchen, sodass sie rundum mit *Teig* ummantelt sind.

10. Ca. 2 EL *Pflanzenöl* in einer Pfanne erhitzen. Die *Essiggurkenstifte* in die Pfanne geben und von beiden Seiten in ca. 10 Minuten goldbraun braten.

....

11. Den *Käse* klein schneiden und zusammen mit dem *Kräuterfrischkäse* unter das *Karottenrisotto* heben und gut verrühren. Das *Karottenrisotto* mit etwas *Salz* abschmecken.

12. Die frittierten *Essiggurken* mit dem *Karottenrisotto* auf einem Teller anrichten und servieren.

Dienstag - Haferflockenbratlinge

Frühstück

Süßes Frühstück

Grau- oder Toastbrot	2-3 Scheiben
Butter	25 g
Marmelade	25 g
Schokocreme	25 g
Orangen oder Pfirsiche	1 Stück

Zwischenmahlzeit

Paprikasalat

Rezept auf S. 167.

Hauptmahlzeit   ca. 45 Min.

Haferflockenbratlinge

Haferflocken	125 g
Gemüsebrühe	1 TL (= 200 ml)
Zwiebeln	1 Stück
Pflanzenöl	5 EL
Karotten	2 Stück
Zucker	20 g
Salz	

E 20 g   K 107 g   F 40 g   3734 kJ / 892 kcal

1. Ca. 200 ml *Wasser* zum Kochen bringen und die *Gemüsebrühe* aufgießen.

2. Die *Haferflocken* in eine Schüssel geben, mit 125 ml der *Brühe* übergießen und ca. 30 Minuten quellen lassen.

Währenddessen:

3. Die *Zwiebel* schälen und in kleine Würfel schneiden. Die *Karotten* waschen, schälen und in ca. 2 mm breite Scheiben schneiden.

4. Ca. 10 ml des *Pflanzenöls* in einer Pfanne erhitzen und die *Zwiebelwürfel* darin glasig dünsten. Die gedünsteten *Zwiebelwürfel* auf einen Teller geben und beiseite stellen.

5. Ca. 10 ml des *Pflanzenöls* in einem Topf erhitzen, die *Karottenscheiben* und den *Zucker* hinzufügen und leicht karamellisieren lassen. Die restliche *Brühe* zu den *Karotten* geben. Abgedeckt in ca. 5-10 Minuten gar dünsten.

6. Das *Ei*, die gedünsteten *Zwiebelwürfeln* und eine Prise *Salz* zu den eingeweichten *Haferflocken* geben. Die Masse gut durchkneten und zu kleinen *Bratlingen* formen.

7. Das restliche *Pflanzenöl* in einer Pfanne erhitzen und die *Bratlinge* bei mittlerer Hitze von beiden Seiten goldbraun braten.

8. Die fertig gebratenen *Haferflockenbratlinge* mit dem *Karottengemüse* auf einem Teller anrichten und servieren.

Abendessen

Tomatensuppe

Rezept auf S. 176.

Mittwoch - Kartoffel-Apfel-Auflauf

Frühstück

Müsli-Pancakes

Rezept auf S. 157.

Zwischenmahlzeit

Joghurt

Naturjoghurt	*250 g*
Marmelade	*20 g*

Hauptmahlzeit   ca. 60 Min.

Kartoffel-Apfel-Auflauf

Kartoffeln	*250 g*
Pflanzenöl	*1 EL*
Sahne (süß)	*100 g*
Äpfel	*1 Stück (ca. 150 g)*
Eier	*1 Stück*
Salz	
Zimt	

E 14 g K 57 g F 43 g   2832 kJ / 676 kcal

1. Den Backofen auf 200°C Ober-/Unterhitze vorheizen.

. . . .

Währenddessen:

2. Die *Kartoffeln* waschen, schälen und in sehr dünne Scheiben schneiden (ca. 2 mm dick).

3. Den *Apfel* waschen, vierteln und das Kerngehäuse entfernen. Die *Apfelviertel* der Länge nach in dünne Scheiben schneiden.

4. Die Auflaufform mit etwas *Pflanzenöl* einfetten.

5. Das *Ei* und die *Sahne* in eine Schüssel geben und gut mit einer Gabel verquirlen. Das *Ei-Sahnegemisch* mit *Zimt* und ein wenig *Salz* würzen.

6. Abwechselnd die *Kartoffel-* und *Apfelscheiben* in die Auflaufform schichten. Das *Ei-Sahnegemisch* gleichmäßig darüber gießen.

. . . .

7. Die gefüllte Auflaufform auf mittlerer Höhe in den vorgeheizten Backofen schieben und in ca. 45 Minuten goldgelb backen.

8. Den fertig gebackenen *Kartoffel-Apfel-Auflauf* portionieren, auf einem Teller anrichten und servieren. Je nach Geschmack ggf. zusätzlich mit etwas *Zimt* bestreuen.

Abendessen

Brotzeit

Grau-/Schwarzbrot	*2-3 Scheiben*
Butter	*25 g*
Wurst	*2 Scheiben (ca. 40 g)*
Käse	*1 Scheibe (ca. 30 g)*
Tomate	*1 Stück (ca. 100 g)*

Donnerstag - Semmelknödel mit Rosenkohl

Apfel-Brot-Cocktail

Rezept auf S. 159.

Rote-Beete-Salat

Rezept auf S. 165.

Brotzeit

Grau-/Schwarzbrot   2-3 Scheiben

Herzhafter Speckaufstrich

Rezept für den *Herzhaften Speckaufstrich* auf S. 170.

Pfandinsky's Tipp: Für den kommenden Samstag werden ebenfalls Semmelknödel benötigt. Sie können zur Arbeitsersparnis also auch gleich die doppelte Menge Knödel herstellen, und die Hälfte der gegarten Knödel bis zum Samstag im Kühlschrank aufbewahren.

Semmelknödel mit Rosenkohl

Brötchen (alt)	*2-3 Stück*
Zwiebeln	*1 Stück*
Milch	*200 ml*
Mehl	*10 g*
Rosenkohl	*225 g*
Pflanzenöl	*3 EL*
Eier	*1 Stück*
Gemüsebrühe	*1/3 TL (= 70 ml)*
Essig	*1/2 TL*

Salz
Muskatnuss
Paprikapulver
Petersilie (getrocknet)

E 29 g K 80 g F 43 g   3276 kJ / 782 kcal

1. Die alten *Brötchen* in kleine Würfel schneiden und in eine Schüssel geben.

2. Ca. 120 ml *Milch* in einem Topf zum Kochen bringen und über die *Brötchen-Würfel* geben, gut vermengen und ca. 5-10 Minuten einweichen lassen.

Währenddessen:

3. Die *Zwiebel* schälen und in kleine Würfel schneiden.

4. Ca. 1 EL *Pflanzenöl* in einer Pfanne erhitzen. Die *Zwiebelwürfel* hinzugeben und andünsten, bis sie beginnen glasig zu werden.

5. Das *Ei* aufschlagen und zu den eingeweichten *Brötchen-Würfeln* geben. Die gedünsteten *Zwiebeln*, ca. 1 TL *Petersilie*, eine Prise *Salz* und eine Prise *Muskatnuss* hinzugeben und alles gut durchkneten. Die so hergestellte *Semmelknödel-Masse* abkühlen lassen.

6. Etwas *Mehl* auf die Hände geben und aus der abgekühlten *Semmelknödel-Masse* 4 gleich große kugelförmige *Knödel* formen und auf einem Teller beiseite stellen.

7. Ca. 2 Liter *Wasser* in einem Topf zum Kochen bringen und 2 TL *Salz* hinzufügen. (Der Topf muss so befüllt sein, dass die Knödel in dem Wasser schwimmen können.) Die *Knödel* in das kochende *Wasser* geben und in ca. 20 Minuten gar ziehen lassen. (Das Wasser soll sich leicht bewegen, aber nicht kochen)

Währenddessen:

8. Bei nicht-tiefgekühltem *Rosenkohl* jeweils die äußeren Blätter entfernen, beim Strunkansatz kreuzförmig einschneiden und kurz waschen.

9. Den *Rosenkohl* in einen Topf geben und mit *Wasser* bedecken. Eine Prise *Salz* hinzufügen und ca. 8-10 Minuten kochen.

10. Wenn der *Rosenkohl* gar ist, das verwendete *Kochwasser* in ein Auffanggefäß abgießen. Den *Rosenkohl* zugedeckt warm halten.

11. Ca. 70 ml des heißen *Rosenkohlwassers* in eine Tasse geben und das *Brühepulver* einrühren.

12. In einem kleinen Topf ca. 2 EL *Pflanzenöl* erhitzen und das *Mehl* unter ständigem Rühren mit einem Schneebesen hinzufügen. Nach und nach unter ständigem Rühren die *Milch* hinzufügen. So lange weiter rühren, bis keine Klumpen mehr vorhanden sind. Unter ständigem Rühren so viel kaltes(!) *Wasser* hinzufügen, bis ein sehr dicker *Brei* entsteht.

13. Nun langsam die zuvor angerührte *Rosenkohl-Brühe* und so viel von dem übrigen aufgefangenen *Rosenkohlwasser* in den *Brei* hineinrühren, bis die gewünschte Saucen-Konsistenz erreicht ist. Die so hergestellte *Bechamelsauce* mit wenig *Essig*, etwas *Paprikapulver*, *Muskatnuss* und *Salz* würzen.

14. Die fertig gegarten *Semmelknödel* vorsichtig aus dem *Kochwasser* nehmen, abtropfen lassen und auf einem Teller mit dem *Rosenkohl* anrichten. Je nach Wunsch mit *Bechamelsauce* übergießen und servieren.

Freitag - Spaghetti mit Tomatensauce

Frühstück

Birchermüsli

Rezept auf S. 156.

Zwischenmahlzeit

Kidneybohnensalat

Rezept auf S. 163.

Hauptmahlzeit   ca. 20 Min.

Spaghetti
mit Tomatensauce

Spaghetti	125 g
Pflanzenöl	2 EL
Tomatenmark	100 g
Zwiebeln	1 Stück
Gemüsebrühe 1 1/2 TL (= 300 ml)	

Salz
Oregano
Paprikapulver

E 21 g K 114 g F 15 g   2895 kJ / 692 kcal

1. Ca. 1,3 l *Wasser* in einem Topf zum Kochen bringen.

2. Mit ca. 300 ml des heißen *Wassers* die *Gemüsebrühe* aufgießen. In den Topf mit dem restlichen kochenden *Wasser* eine Prise *Salz*, 1 EL *Pflanzenöl* und die *Spaghetti* hinzufügen und ca. 8 Minuten kochen/ziehen lassen.

. . . .

Währenddessen:

3. Die *Zwiebel* schälen und in kleine *Würfel* schneiden. Ca. 1 EL *Pflanzenöl* in einer Pfanne erhitzen, die *Zwiebelwürfel* hinzugeben und andünsten, bis sie glasig sind.

4. Die *Zwiebeln* mit der *Brühe* ablöschen. Das *Tomatenmark* in die *Brühe* geben und gut verrühren, bis eine glatte *Sauce* entsteht.

5. Die so hergestellte *Tomatensauce* mit je einer guten Prise *Oregano* und *Paprikapulver* sowie einer Prise *Salz* abschmecken und kurz aufkochen lassen.

. . . .

6. Das *Kochwasser* der *Spaghetti* abgießen und die *Spaghetti* je nach Wunsch mit der *Tomatensauce* vermengen; auf einem Teller anrichten und servieren.

> *Pfandinsky's Tipp*: Für eine cremigere Tomatensauce gießen Sie in Schritt (4) einfach ca. 50 ml Sahne hinzu.

Abendessen

Grießklößchensuppe

Rezept auf S. 181.

Samstag - Gebratene Semmelknödel
mit Pilzrahm

Frühstück

Karotten-Apfel-Müsli

Rezept auf S. 156.

Zwischenmahlzeit

Zucchinisalat

Rezept auf S. 167.

> *Pfandinsky's Tipp*: Das Rezept für *Semmelknödel* finden Sie auf S. 94.

Hauptmahlzeit   ca. 30 Min.

Gebratene Semmelknödel mit Pilzrahm

Semmelknödel	*4 Stück*
Champignons	*150 g*
Zwiebeln	*1 Stück*
Pflanzenöl	*6 EL*
Gemüsebrühe	*1 TL (= 200 ml)*
Sahne (süß)	*40 g*
Mehl	*20 g*

Salz

E 26 g K 88 g F 67g   4764 kJ / 1138 kcal

1. Die *Zwiebel* schälen und in kleine Würfel schneiden. Die *Champignons* putzen und in feine Scheiben schneiden. Die *Semmelknödel* halbieren.

2. Ca. 2 EL *Pflanzenöl* in einer Pfanne erhitzen. Zunächst die *Zwiebelwürfel* hinzugeben und andünsten, bis sie beginnen glasig zu werden. Anschließend die *Champignon-Scheiben* hinzufügen und unter gelegentlichem Wenden an-

braten, bis die Flüssigkeit der *Champignons* verdampft ist. Danach auf einen Teller geben und beiseite stellen.

3. Ca. 2 EL *Pflanzenöl* in der Pfanne erhitzen. Das *Mehl* hinzugeben und unter ständigem Rühren goldbraun anschwitzen.

4. Diese *Mehlschwitze* mit ca. 200 ml kaltem *Wasser* ablöschen, dabei ständig umrühren, damit keine Klumpen entstehen. Das *Brühepulver* einrühren und die *Sahne* hinzugießen. Die so hergestellte *Rahmsauce* mit einer Prise *Salz* würzen und 5 Minuten köcheln lassen.

·······································

Währenddessen:

5. Das restliche *Pflanzenöl* in einer Pfanne erhitzen. Die *Semmelknödel-Hälften* in das heiße *Pflanzenöl* legen und bei mittlerer Hitze auf beiden Seiten goldbraun braten.

·······································

6. Die gebratenen *Zwiebeln* und *Champignons* in die *Rahmsauce* geben und diese kurz aufkochen lassen.

7. Die angebratenen *Semmelknödel-Hälften* auf einem Teller anrichten, je nach Wunsch mit der *Champignon-Rahmsauce* übergießen und servieren.

Abendessen

Brotsuppe

Rezept auf S. 179.

Sonntag - Kartoffelsalat mit Fischstäbchen

Frühstück

Sonntagsfrühstück

Brötchen	2 Stück
Butter	25 g
Marmelade	25 g
Käse	1 Scheibe (ca. 30 g)
Wurst	1 Scheibe (ca. 20 g)
Eier	1 Stück (gekocht)
Orangen oder Pfirsiche	1 Stück

Zwischenmahlzeit

Obst

Äpfel	1 Stück

Hauptmahlzeit   ca. 45 Min.

Kartoffelsalat mit Fischstäbchen

Kartoffeln	300 g
Gemüsebrühe	1/4 TL (= 50 ml)
Essig	3 EL
Pflanzenöl	2 EL
Fischstäbchen	4 Stück (120 g)
Salz	

E 20 g K 62 g F 21 g   2199 kJ / 525 kcal

1. Die *Kartoffeln* waschen, in einen Topf geben und mit Wasser auffüllen, bis sie knapp bedeckt sind. Die *Kartoffeln* in ca. 25-30 Minuten gar kochen.

2. Das *Kochwasser* abgießen und die *Kartoffeln* auskühlen lassen.

3. Die *Gemüsebrühe* mit 50 ml heißen *Wasser* aufgießen.

4. Die erkalteten *Kartoffeln* schälen und in dünne Scheiben schneiden oder hobeln.

5. Die fertige *Brühe, Essig*, ca. 1 EL *Pflanzenöl* und eine Prise *Salz* zu den *Kartoffelscheiben* geben und gut vermengen.

6. Das restliche *Pflanzenöl* in einer Pfanne erhitzen und die *Fischstäbchen* unter mehrfachem Wenden in ca. 10 Minuten goldbraun braten.

7. Den fertigen *Kartoffelsalat* nochmals mit *Essig* und *Salz* abschmecken und vermengen. Den *Kartoffelsalat* mit den *Fischstäbchen* anrichten und servieren.

Pfandinsky's Tipp: Zu den Fischstäbchen können Sie einen Mayonnaise-Dip reichen: Verrühren Sie hierzu 2 EL Mayonnaise mit 1/2 TL Senf, einer fein geschnittenen Gewürzgurke, und einer Prise Currypulver.

Abendessen

Karottensuppe

Rezept auf S. 178.

7. Woche

Einkaufliste nur Hauptmahlzeiten

	Packung / Einheit		Menge [Packungen] je Anzahl Personen			
			1 Pers.	2 Pers.	3 Pers.	4 Pers.
Weizenmehl	1000	g	350 [1]	700 [1]	1050 [2]	1400 [2]
Reis	500	g	70 [1]	140 [1]	210 [1]	280 [1]
Hartweizengrieß	400	g	100 [1]	200 [1]	300 [1]	400 [1]
Spaghetti	500	g	125 [1]	250 [1]	375 [1]	500 [1]
Linsen	500	g	50 [1]	100 [1]	150 [1]	200 [1]
Zucker	1000	g	95 [1]	190 [1]	285 [1]	380 [1]
Tomatenmark	200	g	85 [1]	170 [1]	255 [2]	340 [2]
Gemüsebrühe (Pulver)	140	g	32 [1]	64 [1]	96 [1]	128 [1]
Pflanzenöl	1000	ml	120 [1]	240 [1]	360 [1]	480 [1]
Essig	1000	ml	40 [1]	80 [1]	120 [1]	160 [1]
Rote Beete	350	g $^{Abtr.}_{Gew.}$	350 [1]	700 [2]	1050 [3]	1400 [4]
Puddingpulver	5×38	g	15 [1]	30 [1]	45 [1]	60 [1]
Vollmilch	1000	ml	570 [1]	1140 [2]	1710 [2]	2280 [3]
Sahne (süß)	200	g	100 [1]	200 [1]	300 [2]	400 [2]
Magerquark	500	g	200 [1]	400 [1]	600 [2]	800 [2]
Käseaufschnitt	200	g	100 [1]	200 [1]	300 [2]	400 [2]
Hefe (frisch)	42	g	10 [1]	20 [1]	30 [1]	40 [1]
Eier	6	Stück	2 [1]	4 [1]	6 [1]	8 [2]
Hackfleisch	–	g	100 [–]	200 [–]	300 [–]	400 [–]
Bohnen (tiefgekühlt)	750	g	200 [1]	400 [1]	600 [1]	800 [2]
Kartoffeln	2000	g	500 [1]	1000 [1]	1500 [1]	2000 [1]
Zwiebeln	1000	g	300 [1]	600 [1]	900 [1]	1200 [2]
Karotten	1000	g	650 [1]	1300 [2]	1950 [2]	2600 [3]
Äpfel	–	Stück	1 [–]	2 [–]	3 [–]	4 [–]
Bananen	–	Stück	1 [–]	2 [–]	3 [–]	4 [–]

Gewürze: Salz, Pfeffer, Muskatnuss, Oregano, Curry, Paprikapulver, Lorbeerblätter

Einkaufliste alle Mahlzeiten

	Packung / Einheit		Menge [Packungen] je Anzahl Personen 1 Pers.	2 Pers.	3 Pers.	4 Pers.
Grau- oder Schwarzbrot	500	g	675 [2]	1350 [3]	2025 [5]	2700 [6]
Toastbrot	500	g	100 [1]	200 [1]	300 [1]	400 [1]
Brötchen	–	Stück	3 [–]	6 [–]	9 [–]	12 [–]
Weizenmehl	1000	g	360 [1]	720 [1]	1080 [2]	1440 [2]
Reis	500	g	120 [1]	240 [1]	360 [1]	480 [1]
Haferflocken	500	g	120 [1]	240 [1]	360 [1]	480 [1]
Hartweizengrieß	400	g	100 [1]	200 [1]	300 [1]	400 [1]
Spaghetti	500	g	125 [1]	250 [1]	375 [1]	500 [1]
Linsen	500	g	50 [1]	100 [1]	150 [1]	200 [1]
Zucker	1000	g	160 [1]	320 [1]	480 [1]	640 [1]
Marmelade	450	g	90 [1]	180 [1]	270 [1]	360 [1]
Schokocreme	400	g	25 [1]	50 [1]	75 [1]	100 [1]
Rosinen	250	g	10 [1]	20 [1]	30 [1]	40 [1]
Tomatenmark	200	g	85 [1]	170 [1]	255 [2]	340 [2]
Mayonnaise	500	ml	20 [1]	40 [1]	60 [1]	80 [1]
Senf (scharf)	200	ml	10 [1]	20 [1]	30 [1]	40 [1]
Gemüsebrühe (Pulver)	140	g	66 [1]	132 [1]	198 [2]	264 [2]
Pflanzenöl	1000	ml	220 [1]	440 [1]	660 [1]	880 [1]
Essig	1000	ml	93 [1]	186 [1]	279 [1]	372 [1]
Sauerkraut	500	g Abtr. Gew.	350 [1]	700 [2]	1050 [3]	1400 [3]
Rote Beete	350	g Abtr. Gew.	350 [1]	700 [2]	1050 [3]	1400 [4]
Puddingpulver	5×38	g	15 [1]	30 [1]	45 [1]	60 [1]
Vollmilch	1000	ml	1070 [2]	2140 [3]	3210 [4]	4280 [5]
Sahne (süß)	200	g	230 [2]	460 [3]	690 [4]	920 [5]
Butter	250	g	100 [1]	200 [1]	300 [2]	400 [2]
Naturjoghurt	500	g	250 [1]	500 [1]	750 [2]	1000 [2]
Magerquark	500	g	300 [1]	600 [2]	900 [2]	1200 [3]
Buttermilch	500	ml	200 [1]	400 [1]	600 [2]	800 [2]
Käseaufschnitt	200	g	240 [2]	480 [3]	720 [4]	960 [5]
Wurstaufschnitt	200	g	80 [1]	160 [1]	240 [2]	320 [2]
Kräuterfrischkäse	200	g	105 [1]	210 [2]	315 [2]	420 [3]
Hefe (frisch)	42	g	10 [1]	20 [1]	30 [1]	40 [1]
Eier	6	Stück	5 [1]	10 [2]	15 [3]	20 [4]
Hackfleisch	–	g	100 [–]	200 [–]	300 [–]	400 [–]
Rahmspinat (tiefgekühlt)	450	g	150 [1]	300 [1]	450 [1]	600 [2]
Bohnen (tiefgekühlt)	750	g	450 [1]	900 [2]	1350 [2]	1800 [3]

	Packung / Einheit		Menge [Packungen] je Anzahl Personen			
			1 Pers.	2 Pers.	3 Pers.	4 Pers.
Kartoffeln	2000	g	600 [1]	1200 [1]	1800 [1]	2400 [2]
Zwiebeln	1000	g	675 [1]	1350 [2]	2025 [3]	2700 [3]
Karotten	1000	g	850 [1]	1700 [2]	2550 [3]	3400 [4]
Tomaten	–	Stück	2 [–]	4 [–]	6 [–]	8 [–]
Paprika	–	Stück	1 [–]	2 [–]	3 [–]	4 [–]
Zucchini	–	Stück	1 [–]	2 [–]	3 [–]	4 [–]
Salatgurken	–	Stück	1 [–]	2 [–]	3 [–]	4 [–]
Äpfel	–	Stück	5 [–]	9 [–]	14 [–]	18 [–]
Bananen	–	Stück	2 [–]	4 [–]	6 [–]	8 [–]
Pfirsiche oder Orangen	–	Stück	2 [–]	4 [–]	6 [–]	8 [–]
Zitronen	–	Stück	1 [–]	2 [–]	2 [–]	3 [–]

Gewürze: Salz, Pfeffer, Muskatnuss, Zimt, Oregano, Curry, Paprikapulver, Lorbeerblätter

Kosten

– nur Hauptmahlzeiten

	Kosten für ganze Packungen			Reine Verbrauchskosten		
	€	Pfand- flaschen	Gold (mg)	€	Pfand- flaschen	Gold (mg)
1 Pers.	21,–	84	653	9,–	36	280
2 Pers.	26,–	104	809	18,–	72	560
3 Pers.	33,–	132	1026	26,–	104	809
4 Pers.	42,–	168	1306	35,–	140	1089

– alle Mahlzeiten

	Kosten für ganze Packungen			Reine Verbrauchskosten		
	€	Pfand- flaschen	Gold (mg)	€	Pfand- flaschen	Gold (mg)
1 Pers.	39,–	156	1213	21,–	84	653
2 Pers.	57,–	228	1773	42,–	168	1306
3 Pers.	77,–	308	2395	63,–	252	1960
4 Pers.	96,–	384	2986	83,–	332	2582

Montag - Linsencurry mit frittierter Banane

Frühstück

Deftiges Frühstück

Grau-/Schwarzbrot	2-3 Scheiben
Butter	25 g
Käse	1 Scheibe (ca. 30 g)
Wurst	1 Scheibe (ca. 20 g)
Kräuterfrischkäse	25 g
Tomaten	1 Stück (ca. 100 g)

Zwischenmahlzeit

Joghurt

Naturjoghurt	250 g
Marmelade	20 g

Abendessen

Brotzeit

Grau-/Schwarzbrot	2-3 Scheiben
Kartoffelcreme	

Rezept für die Kartoffelcreme auf S. 173.

Pfandinsky erklärt: Nicht alle Linsensorten erfordern ein Einweichen über Nacht – in diesem Fall direkt mit Schritt (3) beginnen. Die Garungszeiten können je nach Sorte ebenfalls beträchtlich variieren, daher unbedingt auch die Packungsanleitung beachten.

Pfandinsky's Tipp: Das Linsencurry kann auch mit Pfirsich oder Mango zubereitet werden. Die Früchte waschen, ggf. schälen (Mango), in Stücke schneiden und in Schritt (5) in die Pfanne geben.

Pfandinsky's Tipp: Der zum Linsencurry gereichte Reis kann auch mit Rosinen und Zimt verfeinert werden: Zerlassen Sie nach Schritt (9) etwas Butter in einer Pfanne, geben Sie den gekochten Reis, eine gute Prise Zimt und 1 EL Rosinen hinzu und durchmischen Sie alles gut.

Hauptmahlzeit   8 Std. + ca. 45 Min.

Linsencurry
mit frittierter Banane

Linsen	50 g
Bananen	1 Stück
Äpfel	1 Stück
Zwiebeln	1 Stück
Reis	70 g
Sahne (süß)	50 g
Gemüsebrühe 1 1/4 TL (= 250 ml)	
Pflanzenöl	2 EL
Salz	
Curry	

E 21 g K 125 g F 30 g   3583 kJ / 856 kcal

1. Die *Linsen* in eine Schüssel geben, gut mit *Wasser* bedecken und über Nacht einweichen.

2. Das *Einweichwasser* der *Linsen* abgießen.

3. Die *Zwiebel* schälen und in kleine Würfel schneiden. Den *Apfel* waschen, aufschneiden, das Kerngehäuse entfernen und in Würfel schneiden.

4. Ca. 1 EL *Pflanzenöl* in einer Pfanne erhitzen. Die *Zwiebelwürfel* darin glasig dünsten.

5. Die *Linsen* und die *Apfelstücke* hinzugeben, mit 1/2 TL *Currypulver* bestreuen und ca. drei Minuten mitdünsten.

6. Ca. 250 ml *Wasser* zum Kochen bringen und die *Gemüsebrühe* aufgießen.

7. Die *Brühe* zu den *Linsen* hinzugießen und die *Linsen* bei geringer Hitze in ca. 30 Minuten gar kochen.

....
Währenddessen:

8. Ca. 500 ml *Wasser* in einem Topf zum Kochen bringen und eine Prise *Salz* hinzufügen. Den *Reis* in das kochende *Wasser* geben und ca. 12-15 Minuten bei schwacher Hitze kochen lassen. (Die Kochzeit kann je nach Reissorte variieren, daher bitte Packungsanleitung beachten.)

....

9. Wenn der *Reis* gar ist, das *Kochwasser* abgießen und warm halten.

10. Wenn die *Linsen* gar sind, das überschüssige *Kochwasser* abgießen und die *Sahne* hinzugießen. Mit etwas *Currypulver* und *Salz* abschmecken und nochmals kurz köcheln lassen.

11. Die *Banane* schälen, der Länge nach halbieren und in ca. 5 cm lange Stücke schneiden.

12. Ca. 1 EL *Pflanzenöl* in einer Pfanne erhitzen. Die *Bananenstücke* in das heiße *Pflanzenöl* geben und rundherum goldbraun braten.

13. Das *Linsencurry* mit dem *Reis* auf einem Teller anrichten. Die *Banane* hinzugeben und servieren.

Dienstag - Käse-Grießnocken mit Karottencreme

Frühstück

Karamellisierter Armer Ritter

Rezept auf S. 158.

Zwischenmahlzeit

Gurkensalat

Rezept auf S. 164.

Pfandinsky's Tipp: Sie können die zu den Käse-Grießnocken gereichte Karottencreme auch mit 1 EL Kräuterfrischkäse und/oder frischen Kräutern (z.B. Schnittlauch, Petersilie, Basilikum) verfeinern. Geben Sie diese Zutaten einfach in Schritt (8) vor dem Pürieren zum dem Zwiebel-Karotten-Gemüse.

Abendessen

Spinatsuppe

Rezept auf S. 180.

Hauptmahlzeit   ca. 50 Min.

Käse-Grießnocken mit Karottencreme

Hartweizengrieß	100 g
Gemüsebrühe	1 1/4 TL (= 250 ml)
Käse	2 Scheiben (ca. 50 g)
Pflanzenöl	2 EL
Karotten	3 Stück
Zwiebeln	1 Stück
Zucker	1 TL
Tomatenmark	1 TL
Essig	1 EL

Salz
Pfeffer
Muskatnuss
Lorbeerblätter

E 29 g K 95 g F 26g   3092 kJ / 739 kcal

1. Ca. 250 ml *Wasser* in einem Topf zum Kochen bringen, das *Brühepulver* hinzugeben und verrühren. Die *Brühe* mit einer Prise *Muskatnuss* würzen.

2. Den *Grieß* in die *Brühe* einrühren und unter ständigem Rühren bei geringer Hitze ca. 5 Minuten ausquellen lassen.

3. Den *Käse* in kleine Würfel schneiden und unter den heißen *Grießbrei* rühren, bis er geschmolzen ist. Den *Käse-Grießbrei* dann beiseite stellen und abkühlen lassen.

. . . .

Währenddessen:

4. Die *Zwiebel* und die *Karotten* schälen und in kleine Würfel schneiden.

5. Das *Pflanzenöl* in einem Topf erhitzen, die *Zwiebelwürfel* hinzugeben und glasig dünsten.

6. Anschließend die *Karottenwürfel* hinzugeben, mit dem *Zucker* bestreuen und ca. 5 Minuten unter regelmäßigem Wenden weiter dünsten.

7. Ca. 80 ml *Wasser* hinzugießen und das *Tomatenmark* einrühren. Das *Zwiebel-Karotten-Gemüse* mit dem *Essig*, einer Prise *Salz*, einem *Lorbeerblatt* und einer Prise *Pfeffer* würzen und ca. 10 Minuten weiter dünsten.

8. Das *Lorbeerblatt* entfernen. Das *Zwiebel-Karotten-Gemüse* pürieren und je nach Geschmack nochmals mit *Salz* und *Pfeffer* abschmecken. Die so hergestellte *Karottencreme* beiseite stellen und warm halten.

. . . .

9. In einem Topf ca. 2 Liter *Wasser* zum Kochen bringen und 2 Prisen *Salz* hinzufügen.

10. Zwei Esslöffel in das heiße *Wasser* tauchen und damit aus dem *Grießbrei* ovale *Nocken* (Klößchen) herausstechen und in das heiße *Wasser* geben.

11. Die *Käse-Grieß-Nocken* bei geringer Hitze in ca. 6-8 Minuten gar ziehen lassen. (Das Wasser soll sich leicht bewegen, aber nicht kochen!)

12. Die *Karottencreme* auf einen Teller geben, die gegarten *Käse-Grieß-Nocken* aus dem *Kochwasser* heben, abtropfen lassen, auf die *Karottencreme* setzen und servieren.

Mittwoch - Spätzle mit sauren Bohnen

Frühstück

Karotten-Apfel-Müsli

Rezept auf S. 156.

Zwischenmahlzeit

Sauerkrautsalat

Rezept auf S. 162.

Abendessen

Brotzeit

Grau-/Schwarzbrot   *2-3 Scheiben*

Eier-Senfcreme

Rezept für die *Eier-Senfcreme* auf S. 173.

Pfandinsky erklärt: Statt tiefgekühlten Bohnen können auch frische Bohnen verwendet werden. In diesem Fall die Bohnen vorher waschen und auf beiden Seiten jeder Schote die Enden abschneiden. Die Kochzeit frischer Bohnen beträgt ca. 20-30 Minuten.

Pfandinsky's Tipp: Sie können die Spätzle mit sauren Bohnen auch mit Schinkenspeck-Würfeln verfeinern. Geben Sie diese einfach in Schritt (9) zum Kochen in die Brühe.

Hauptmahlzeit   ca. 90 Min.

Spätzle
mit sauren Bohnen

Bohnen (grün, tiefgekühlt)	200 g
Mehl	200 g
Milch	50 ml
Eier	1 Stück
Essig	2 EL
Gemüsebrühe 2 1/2 TL (= 500 ml)	
Salz	
Lorbeerblätter	

E 33 g K 153 g F 10 g   3471 kJ / 829 kcal

1. Ca. 3/4 des *Mehls* in eine Schüssel geben. Die *Milch*, eine Prise *Salz* und das *Ei* hinzugeben. Die Masse so lange kneten, bis ein glatter, zähdickflüssiger *Teig* entsteht. Den *Teig* zugedeckt ca. 30 Minuten ruhen lassen.

Währenddessen:

2. Ein Holzbrett für ca. 10 Minuten in kaltem Wasser einweichen.

3. Ca. 2 l *Wasser* in einem Topf zum Kochen bringen, eine Prise *Salz* hinzufügen.

4. Wenn das *Wasser* kocht, den Topf von der Kochstelle ziehen. Das Holzbrett kurz mit kaltem Wasser abspülen.

5. Etwa 3 EL *Teig* auf die untere Hälfte des Holzbrettes geben und am unteren Ende flach streichen. Ein glattes, breiteres Messer mit dem *Kochwasser* befeuchten und hiermit schmale Streifen des *Teigs* vom Brett in das *Kochwasser* schaben.

6. Das *Kochwasser* erneut zum Kochen bringen und so die zuvor hineingeschabten *Spätzle* in knapp 2 Minuten unter vorsichtigem Wenden gar kochen. Die fertig gegarten *Spätzle* mit einem Schaumlöffel oder einem größeren Sieb aus dem *Kochwasser* schöpfen und in eine Schüssel oder auf ein Backblech geben.

Die Schritte (4) bis (6) so oft wiederholen, bis der ganze Teig zu Spätzle verarbeitet wurde.

7. Die *Bohnen* in einen Topf geben und so viel *Wasser* hinzugießen, bis die *Bohnen* knapp bedeckt sind. Eine Prise *Salz* hinzufügen und die *Bohnen* in ca. 10-15 Minuten gar kochen.

8. Wenn die *Bohnen* gar sind, das *Kochwasser* in ein Auffanggefäß abgießen und mit ca. 500 ml des *Kochwassers* die *Suppenbrühe* aufgießen.

9. Das restliche *Mehl* in einen Topf geben und unter ständigem Rühren braun rösten. Dann die *Brühe* hinzugießen. Den *Essig* und 2 *Lorbeerblätter* hinzugeben, mit einer Prise *Salz* abschmecken und abgedeckt ca. 20 Minuten köcheln lassen.

10. Zuletzt die *Bohnen* und die *Spätzle* in die *Brühe* geben, alles nochmals kurz erhitzen, in einen tiefen Teller abschöpfen und servieren.

Donnerstag - Rote-Beete-Kartoffel-Auflauf

Frühstück

Süßes Frühstück

Grau- oder Toastbrot	2-3 Scheiben
Butter	25 g
Marmelade	25 g
Schokocreme	25 g
Orangen oder Pfirsiche	1 Stück

Zwischenmahlzeit

Bohnensalat

Rezept auf S. 162.

Hauptmahlzeit   ca. 75 Min.

Rote-Beete-Kartoffel-Auflauf

Kartoffeln	250 g
Zwiebeln	1 Stück
Käse	2 Scheiben (ca. 50 g)
Pflanzenöl	2 EL
Sahne (süß)	50 g
Milch	50 ml
Rote Beete (Scheiben, gekocht)	350 g
Salz	
Curry	

E 25 g K 77 g F 43 g   3441 kJ / 822 kcal

1. Die *Kartoffeln* waschen, schälen und in sehr dünne Scheiben schneiden. Die *Zwiebel* schälen und in kleine Würfel schneiden. Den *Käse* ebenfalls in kleine Würfel schneiden.

2. Ca. 1 EL *Pflanzenöl* in einer Pfanne erhitzen. Die *Zwiebelwürfel* hinzugeben und bei mittlerer Hitze andünsten bis sie glasig werden.

3. Den Backofen auf 180°C Umluft vorheizen.

....
Währenddessen:

4. Eine Auflaufform mit etwas *Pflanzenöl* einfetten. Die *Kartoffel-Scheiben* abwechselnd mit *Rote-Beete-Scheiben* in die Auflaufform schichten.

5. Die *Milch, Sahne* und die angedünsteten *Zwiebel-Würfel* in eine Schüssel geben. Mit 1/2 TL *Curry* und einer Prise *Salz* würzen und gut vermischen. Diese Mischung gleichmäßig auf dem Auflauf verteilen. Zum Abschluss die *Käsewürfel* gleichmäßig auf dem Auflauf verteilen.

....

6. Die Auflaufform in den vorgeheizten Backofen schieben und ca. 60 Minuten backen, bis die *Kartoffeln* weich sind. Falls der Auflauf beginnt zu braun zu werden, die Auflaufform mit Alufolie abdecken.

7. Die Auflaufform aus dem Ofen nehmen, den Auflauf portionieren, auf einem Teller anrichten und servieren.

Abendessen

Sauerkrautsuppe

Rezept auf S. 182.

Freitag - Spaghetti Bolognese

Frühstück

Haferbrei

Rezept auf S. 158.

Zwischenmahlzeit

Gurkensalat

Rezept auf S. 164.

Hauptmahlzeit   ca. 45 Min.

Spaghetti Bolognese

Pflanzenöl	*2 EL*
Tomatenmark	*75 g*
Karotten	*1 Stück*
Zwiebeln	*1 Stück*
Hackfleisch	*100 g*
Essig	*1 EL*
Gemüsebrühe	*1 TL (= 200 ml)*
Spaghetti	*125 g*

Salz
Pfeffer
Oregano
Paprikapulver

E 43 g K 119 g F 31 g   3943 kJ / 942 kcal

1. Die *Zwiebel* und die *Karotte* schälen und in kleine Würfel schneiden.

2. Ca. 1 EL *Pflanzenöl* in einer Pfanne erhitzen, die *Zwiebel-* und *Karottenwürfel* hinzugeben und ca. 2 Minuten bei mittlerer Hitze anbraten.

3. Das *Hackfleisch* hinzufügen und unter gelegentlichem Wenden gut anbraten.

4. Ca. 1,2 l *Wasser* in einem Topf zum Kochen bringen. Mit 200 ml des heißen *Wassers* die *Suppenbrühe* aufgießen.

5. Die *Brühe*, das *Tomatenmark*, den *Essig* sowie je eine Prise *Pfeffer*, *Oregano*, *Paprikapulver* und *Salz* in die Pfanne zu der *Zwiebel-Karotten-Hackfleisch-Mischung* geben und alles gut vermengen. Diese *Sauce* ca. 30 Minuten bei geringer Hitze ohne Deckel schmoren lassen.

....

Währenddessen:

6. In den Topf mit dem restlichen heißen *Wasser* eine Prise *Salz*, etwas *Pflanzenöl* sowie die *Spaghetti* hinzugeben und ca. 8 Minuten kochen/ziehen lassen.

7. Das *Kochwasser* der *Spaghetti* abgießen, und die *Spaghetti* abgedeckt warm halten.

....

8. Die *Spaghetti* auf einem Teller anrichten, je nach Wunsch die *Sauce* darüber geben und servieren.

Abendessen

Zwiebelsuppe

Rezept auf S. 183.

Samstag – Potatoes mit Karottengemüse

Frühstück

Porridge

Rezept auf S. 157.

Zwischenmahlzeit

Obst

Bananen   1 Stück

Abendessen

Brotzeit

Grau-/Schwarzbrot   2-3 Scheiben
Butter   25 g
Wurst   2 Scheiben (ca. 40 g)
Käse   1 Scheibe (ca. 30 g)
Tomate   1 Stück (ca. 100 g)

Pfandinsky's Tipp: Für ein intensiveres Geschmackserlenis können die Potatoes auch mit Rosmarin gewürzt werden. Geben Sie dazu einfach ca. 1/2 EL Rosmarinblätter in Schritt (3) zu der Gewürz-Ölmischung.

Pfandinsky's Tipp: Das Karottengemüse kann gut mit Erbsen ergänzt werden: Garen Sie die Erbsen einfach in Schritt (8) zusammen mit den Karotten.

Hauptmahlzeit   ca. 45 Min.

Potatoes
mit Karottengemüse

Kartoffeln	*250 g*
Pflanzenöl	*4 EL*
Karotten	*2-3 Stück*
Gemüsebrühe	*1/4 TL (= 50 ml)*
Zucker	*20 g*
Magerquark	*200 g*
Milch	*1 EL*

Salz
Oregano
Paprikapulver

E 32 g K 78 g F 26g   2857 kJ / 682 kcal

1. Den Backofen auf 200°C Ober-/Unterhitze oder 180°C Heißluft vorheizen.

Währenddessen:

2. Die *Kartoffeln* waschen, schälen und der Länge nach vierteln.

3. Ca. 3 EL *Pflanzenöl*, je gute Prise *Salz* und *Oregano* sowie 2-3 Prisen *Paprikapulver* in eine Schüssel geben und gut vermischen.

4. Die *Kartoffel-Viertel* in die zuvor hergestellte *Gewürz-Ölmischung* geben und darin wenden, so dass sie ganz benetzt sind.

5. Die *Kartoffel-Viertel* auf ein Backblech geben und auf mittlerer Höhe in den vorgeheizten Backofen schieben und ca. 35 Minuten backen. Nach der Hälfte der Backzeit die *Kartoffel-Viertel* einmal wenden.

Währenddessen:

6. Die *Karotten* waschen, schälen und in ca. 2 mm breite Scheiben schneiden.

7. Ca. 1 EL *Pflanzenöl* in einem Topf erhitzen, die *Karottenscheiben* und den *Zucker* hinzufügen und leicht karamellisieren lassen.

8. Ca. 50 ml *Wasser* zu den *Karottenscheiben* in den Topf geben und das *Brühepulver* einrühren. Abgedeckt in ca. 5-10 Minuten gar dünsten.

9. Den *Quark* mit der *Milch* in eine Schüssel geben und glatt rühren.

10. Die fertig gebackenen *Potatoes* und die *Karotten* auf einem Teller anrichten und mit dem *Quark* servieren.

Sonntag - Dampfnudeln mit Vanillesauce

Frühstück

Sonntagsfrühstück

Brötchen	2 Stück
Butter	25 g
Marmelade	25 g
Käse	1 Scheibe (ca. 30 g)
Wurst	1 Scheibe (ca. 20 g)
Eier	1 Stück (gekocht)
Orangen oder Pfirsiche	1 Stück

Zwischenmahlzeit

Paprikasalat

Rezept auf S. 167.

Abendessen

Zucchinisuppe

Rezept auf S. 177.

Hauptmahlzeit   ca. 75 Min.

Dampfnudeln mit Vanillesauce

Dampfnudeln:

Mehl	150 g
Zucker	40 g
Milch	160 ml
Eier	1 Stück
Hefe (frisch)	1/4 Würfel (10 g)
Salz	

Vanillesauce:

Puddingpulver (Vanille)	15 g
Milch	300 ml
Zucker	30 g

E 38 g K 200 g F 23 g   4863 kJ / 1161 kcal

1. Ca. 60 ml *Milch* in einem Topf auf Handtemperatur (ca. 35°C) erwärmen und in eine Tasse geben.

2. Einen gehäuften Esslöffel des *Mehls* in die *Milch* einrühren und die *Hefe* unter langsamen Umrühren hineinbröckeln, so dass sie sich möglichst gleichmäßig auflöst.

3. Das übrige *Mehl*, 25 g *Zucker* und eine kleine Prise *Salz* in eine Schüssel geben und gut vermengen. In der Mitte des *Mehls* eine Mulde formen und den zuvor hergestellten *Hefe-Ansatz* hineingießen. Etwas *Mehl* von den Rändern der Mulde über den *Hefe-Ansatz* streuen, so dass dieser leicht bedeckt wird.

4. Die Schüssel mit einem Geschirrtuch oder Cellophan locker zudecken und für ca. 20 Minuten an einen warmen Ort stellen, bis sich der *Hefe-Ansatz* sichtbar vergrößert hat.

5. Das *Ei* in die Schüssel zu dem *Hefe-Ansatz* geben. Die Masse gut durchkneten, so dass ein glatter, reißend fallender *Teig* entsteht.

6. Die Schüssel erneut locker zudecken und für weitere 20-30 Minuten an einen warmen Ort stellen, bis eine Vergrößerung des *Teiges* sichtbar ist.

7. Den *Teig* nochmals gut durchkneten und in 6 gleich große Portionen teilen. Die Portionen zu Kugeln formen.

8. In einem Bräter oder großen Topf mit gut schließendem Deckel 100 ml *Milch* und 15 g *Zucker* erhitzen, aber nicht kochen. Die Teigkugeln in das heiße *Milch-Zucker-Gemisch* legen und bei mittlerer Hitze mit geschlossenem Deckel garen. (Den Deckel währenddessen möglichst nicht anheben, da der Teig sonst zusammen fällt.)

. . . .
Währenddessen:

9. Das *Puddingpulver* in einen Tasse geben. Nach und nach 100 ml *Milch* einrühren und den *Zucker* hinzugeben. Die Mischung möglichst klumpenfrei glatt rühren.

10. Die restliche *Milch* (200 ml) in einem Topf zum Kochen bringen. Den Topf vom Herd nehmen und die angerührte *Pudding-Milch-Mischung* unter ständigem Rühren hineingießen. Den Topf wieder auf den Herd setzen und unter ständigem Rühren ca. 1 Minute weiter köcheln. Danach vom Herd nehmen.

. . . .

11. Die fertig gegarten *Dampfnudeln* auf einen Teller geben, die *Vanillesauce* darüber gießen und servieren.

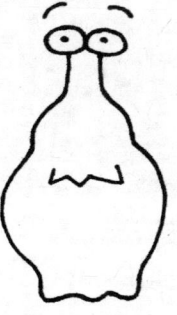

8. Woche

Einkaufliste nur Hauptmahlzeiten

	Packung / Einheit		Menge [Packungen] je Anzahl Personen			
			1 Pers.	2 Pers.	3 Pers.	4 Pers.
Weizenmehl	1000	g	130 [1]	260 [1]	390 [1]	520 [1]
Reis	500	g	170 [1]	340 [1]	510 [2]	680 [2]
Haferflocken	500	g	30 [1]	60 [1]	120 [1]	150 [1]
Hartweizengrieß	400	g	20 [1]	40 [1]	60 [1]	80 [1]
Spaghetti	500	g	125 [1]	250 [1]	375 [1]	500 [1]
Paniermehl	1000	g	35 [1]	70 [1]	105 [1]	140 [1]
Zucker	1000	g	35 [1]	70 [1]	105 [1]	140 [1]
Puderzucker	250	g	10 [1]	20 [1]	30 [1]	40 [1]
Gemüsebrühe (Pulver)	140	g	8 [1]	16 [1]	24 [1]	32 [1]
Pflanzenöl	1000	ml	200 [1]	400 [1]	600 [1]	800 [1]
Rote Beete	350	g $\frac{Abtr.}{Gew.}$	100 [1]	200 [1]	300 [1]	400 [2]
Vollmilch	1000	ml	610 [1]	1220 [2]	1830 [2]	2440 [3]
Sahne (süß)	200	g	100 [1]	200 [1]	300 [2]	400 [2]
Magerquark	500	g	300 [1]	600 [2]	900 [2]	1200 [3]
Käseaufschnitt	200	g	100 [1]	200 [1]	300 [2]	400 [2]
Eier	6	Stück	4 [1]	8 [2]	12 [2]	16 [3]
Hackfleisch	–	g	100 [–]	200 [–]	300 [–]	400 [–]
Bohnen (tiefgekühlt)	750	g	350 [1]	700 [1]	1050 [2]	1400 [2]
Kartoffeln	2000	g	550 [1]	1100 [1]	1650 [1]	2200 [1]
Zwiebeln	1000	g	300 [1]	600 [1]	900 [1]	1200 [2]
Karotten	1000	g	400 [1]	800 [1]	1200 [2]	1600 [2]
Salatgurken	–	Stück	1 [–]	1 [–]	2 [–]	2 [–]
Aprikosen	–	Stück	6 [–]	12 [–]	18 [–]	24 [–]

Gewürze: Salz, Pfeffer, Muskatnuss, Curry, Paprikapulver

Einkaufliste alle Mahlzeiten

	Packung / Einheit		Menge [Packungen] je Anzahl Personen			
			1 Pers.	2 Pers.	3 Pers.	4 Pers.
Grau- oder Schwarzbrot	500	g	950 [2]	1900 [4]	2850 [6]	3800 [8]
Toastbrot	500	g	100 [1]	200 [1]	300 [1]	400 [1]
Brötchen	–	Stück	2 [–]	4 [–]	6 [–]	8 [–]
Weizenmehl	1000	g	180 [1]	360 [1]	540 [1]	720 [1]
Reis	500	g	170 [1]	340 [1]	510 [2]	680 [2]
Haferflocken	500	g	130 [1]	260 [1]	390 [1]	520 [2]
Hartweizengrieß	400	g	60 [1]	120 [1]	180 [1]	240 [1]
Spaghetti	500	g	125 [1]	250 [1]	375 [1]	500 [1]
Linsen	500	g	105 [1]	210 [1]	315 [1]	420 [1]
Paniermehl	1000	g	35 [1]	70 [1]	105 [1]	140 [1]
Zucker	1000	g	70 [1]	140 [1]	210 [1]	280 [1]
Puderzucker	250	g	10 [1]	20 [1]	30 [1]	40 [1]
Marmelade	450	g	70 [1]	140 [1]	210 [1]	280 [1]
Schokocreme	400	g	25 [1]	50 [1]	75 [1]	100 [1]
Rosinen	250	g	10 [1]	20 [1]	30 [1]	40 [1]
Tomatenmark	200	g	60 [1]	120 [1]	180 [1]	240 [2]
Senf (scharf)	200	ml	7 [1]	14 [1]	21 [1]	28 [1]
Gemüsebrühe (Pulver)	140	g	64 [1]	128 [1]	192 [2]	256 [2]
Pflanzenöl	1000	ml	440 [1]	880 [1]	1320 [2]	1760 [2]
Essig	1000	ml	63 [1]	126 [1]	189 [1]	252 [1]
Rote Beete	350	g $\frac{Abtr.}{Gew.}$	100 [1]	200 [1]	300 [1]	400 [2]
Kidney-Bohnen	250	g $\frac{Abtr.}{Gew.}$	125 [1]	250 [1]	375 [2]	500 [2]
Apfelmus	710	g	450 [1]	900 [2]	1350 [2]	1800 [3]
Backpulver	10×15	g	2 [1]	4 [1]	6 [1]	8 [1]
Natron	5×5	g	2 [1]	4 [1]	6 [1]	8 [1]
Vollmilch	1000	ml	1230 [2]	2460 [3]	3690 [4]	4920 [5]
Sahne (süß)	200	g	150 [1]	300 [2]	450 [3]	600 [3]
Butter	250	g	100 [1]	200 [1]	300 [2]	400 [2]
Naturjoghurt	500	g	250 [1]	500 [1]	750 [2]	1000 [2]
Magerquark	500	g	425 [1]	850 [2]	1275 [3]	1700 [4]
Buttermilch	500	ml	100 [1]	200 [1]	300 [1]	400 [1]
Käseaufschnitt	200	g	240 [2]	480 [3]	720 [4]	960 [5]
Wurstaufschnitt	200	g	80 [1]	160 [1]	240 [2]	320 [2]
Kräuterfrischkäse	200	g	25 [1]	50 [1]	75 [1]	100 [1]
Eier	6	Stück	8 [2]	16 [3]	24 [4]	32 [6]
Hackfleisch	–	g	100 [–]	200 [–]	300 [–]	400 [–]
Rahmspinat (tiefgekühlt)	450	g	150 [1]	300 [1]	450 [1]	600 [2]

	Packung / Einheit		Menge [Packungen] je Anzahl Personen			
			1 Pers.	**2 Pers.**	**3 Pers.**	**4 Pers.**
Bohnen (tiefgekühlt)	750	g	350 [1]	700 [1]	1050 [2]	1400 [2]
Kartoffeln	2000	g	650 [1]	1300 [1]	1950 [1]	2600 [2]
Zwiebeln	1000	g	750 [1]	1500 [2]	2250 [3]	3000 [3]
Karotten	1000	g	900 [1]	1800 [2]	2700 [3]	3600 [4]
Tomaten	–	Stück	5 [–]	9 [–]	14 [–]	18 [–]
Knollen-Sellerie	–	g	300 [–]	600 [–]	900 [–]	1200 [–]
Salatgurken	–	Stück	1 [–]	2 [–]	3 [–]	4 [–]
Äpfel	–	Stück	1 [–]	2 [–]	3 [–]	4 [–]
Bananen	–	Stück	1 [–]	2 [–]	3 [–]	4 [–]
Pfirsiche oder Orangen	–	Stück	2 [–]	4 [–]	6 [–]	8 [–]
Aprikosen	–	Stück	6 [–]	12 [–]	18 [–]	24 [–]

Gewürze: Salz, Pfeffer, Muskatnuss, Zimt, Oregano, Curry, Paprikapulver

Kosten

– nur Hauptmahlzeiten

	Kosten für ganze Packungen			Reine Verbrauchskosten		
	€	**Pfand-flaschen**	**Gold (mg)**	**€**	**Pfand-flaschen**	**Gold (mg)**
1 Pers.	21,–	84	653	10,–	40	311
2 Pers.	28,–	112	871	20,–	80	622
3 Pers.	37,–	148	1151	29,–	116	902
4 Pers.	47,–	188	1462	39,–	156	1213

– alle Mahlzeiten

	Kosten für ganze Packungen			Reine Verbrauchskosten		
	€	**Pfand-flaschen**	**Gold (mg)**	**€**	**Pfand-flaschen**	**Gold (mg)**
1 Pers.	41,–	164	1275	22,–	88	684
2 Pers.	57,–	228	1773	44,–	176	1369
3 Pers.	79,–	316	2457	65,–	260	2022
4 Pers.	99,–	396	3079	87,–	348	2706

Montag - Reis-Gemüse-Auflauf

Frühstück

Apfel-Brot-Cocktail

Rezept auf S. 159.

Zwischenmahlzeit

Joghurt

Naturjoghurt	250 g
Marmelade	20 g

Abendessen

Brotzeit

Grau-/Schwarzbrot	2-3 Scheiben
Linsenpaste	

Rezept für die *Linsenpaste* auf S. 171.

Pfandinsky erklärt: Statt tiefgekühlten Bohnen können auch frische Bohnen verwendet werden. In diesem Fall die Bohnen vorher waschen und auf beiden Seiten jeder Schote die Enden abschneiden. Die Bohnen vor dem Kochen in ca. 4 cm lange Stücke schneiden. Die Kochzeit frischer Bohnen beträgt ca. 20-30 Minuten.

Pfandinsky's Tipp: Je nach Geschmack kann der Reis-Gemüse-Auflauf auch zusätzlich mit Mais, klein geschnittener Paprika oder Würstchenscheiben angereichert werden. Heben Sie diese Zutaten in Schritt (7) zusammen mit den Karottenwürfeln unter den Reis.

Hauptmahlzeit   ca. 45 Min.

Reis-Gemüse-Auflauf

Karotten	2 Stück
Bohnen (grün, tiefgekühlt)	150 g
Zwiebeln	1 Stück
Reis	70 g
Gemüsebrühe	1 TL (= 200 ml)
Sahne (süß)	50 g
Käse	2 Scheiben (ca. 50 g)
Pflanzenöl	1 EL

Salz
Pfeffer
Curry
Muskatnuss

E 25 g K 74 g F 35 g   2968 kJ / 709 kcal

1. Die *Bohnen* in einen Topf geben und so viel *Wasser* hineingießen, bis die *Bohnen* knapp bedeckt sind. Eine Prise *Salz* hinzufügen und die *Bohnen* in ca. 10-15 Minuten gar kochen.

2. Wenn die *Bohnen* gar sind, das *Kochwasser* abgießen und die *Bohnen* beiseite stellen.

3. Die *Zwiebel* schälen und in kleine Würfel schneiden. Die *Karotten* waschen, schälen und ebenfalls in kleine Würfel schneiden.

4. Ca. 1 EL *Pflanzenöl* in einer Pfanne erhitzen. Die *Zwiebelwürfel* hinzugeben und glasig dünsten.

5. Den *Reis* zu den gedünsteten *Zwiebelwürfeln* geben, vermengen, mit 1/2 TL *Currypulver* bestreuen und ca. 3 Minuten weiter dünsten.

6. Ca. 200 ml *Wasser* zu dem *Reis* gießen und das *Brühepulver* hinzugeben, gut vermengen und mit geschlossenem Deckel bei geringer Hitze ca. 5 Minuten garen.

7. Die *Karottenwürfel* unter den *Reis* heben und weitere 8 Minuten garen.

8. Den Backofen auf 160°C Umluft vorheizen.

....

Währenddessen:

9. Die *Bohnen* unter das *Reis-Karotten-Gemüse* mischen. Mit *Salz* und *Pfeffer* würzen.

10. Die *Gemüse-Reis-Mischung* in eine Auflaufform geben.

11. Den *Käse* in kleine Würfel schneiden.

12. Die *Sahne* in eine Tasse geben, mit *Salz*, *Pfeffer* und *Muskatnuss* würzen und die *Käsewürfel* untermischen.

13. Die *Sahne-Käse-Mischung* gleichmäßig über die *Gemüse-Reis-Mischung* gießen.

....

14. Den *Auflauf* in den vorgeheizten Backofen schieben und ca. 25 Minuten backen.

15. Den fertigen *Reis-Gemüse-Auflauf* aus dem Backofen nehmen, portionieren, auf einem Teller anrichten und servieren.

Dienstag - Gefüllte Reisküchlein

Frühstück

Deftiges Frühstück

Grau-/Schwarzbrot	2-3 Scheiben
Butter	25 g
Käse	1 Scheibe (ca. 30 g)
Wurst	1 Scheibe (ca. 20 g)
Kräuterfrischkäse	25 g
Tomaten	1 Stück (ca. 100 g)

Zwischenmahlzeit

Obst

Äpfel	1 Stück

Abendessen

Karottensuppe

Rezept auf S. 178.

Pfandinsky's Tipp: Der hier verwendete Milchreis-Ansatz gelingt problemlos mit Langkornreis (statt dem sonst üblichen Rundkornreis), wenn er vorher in Wasser eingeweicht wird - das ist in diesem Rezept bereits berücksichtigt. Wird stattdessen Rundkornreis verwendet, kann direkt mit Schritt (3) begonnen werden.

Pfandinsky's Tipp: Gut zu den Gefüllten Reisküchlein schmeckt auch Vanillesauce: Das Rezept hierfür finden Sie auf S. 112.

Hauptmahlzeit 3 Std. + ca. 60 Min.

Gefüllte Reisküchlein

Reis	100 g
Milch	400 ml
Aprikosen	2 Stück
Paniermehl	1 1/2 EL
Zucker	30 g
Pflanzenöl	4 EL
Salz	

E 23 g K 146 g F 40 g   4294 kJ / 1026 kcal

1. Eine Schüssel mit ca. 500 ml *Wasser* befüllen, den *Reis* hinzufügen und für 3 Stunden im *Wasser* einweichen.

2. Den eingeweichten *Reis* in ein Sieb geben und gut abtropfen lassen.

3. Einen Kochtopf mit kaltem *Wasser* ausspülen und auf den Herd stellen. Die *Milch*, die Hälfte des *Zuckers*, eine kleine Prise *Salz* und den *Reis* hinzufügen und zum Kochen bringen.

4. Diesen *Milchreis-Ansatz* bei schwacher Hitze zugedeckt ca. 30-40 Minuten quellen lassen. Dabei gelegentlich umrühren. Danach zur Seite stellen und erkalten lassen.

Währenddessen:

5. Die *Aprikosen* in sehr kleine Würfel oder Scheiben schneiden.

6. Das *Paniermehl* zu dem erkalteten *Milchreis* geben und alles gut verkneten.

7. Die *Milchreis-Mischung* in ca. 5 Portionen aufteilen. Jede Portion flach drücken und in die Mitte einen Teil der *Aprikosenwürfel* geben. Die *Aprikosenwürfel* vollständig mit der *Milchreis-Mischung* einhüllen und zunächst eine *Kugel* formen. Die *Kugel* danach vorsichtig etwas flachdrücken, so dass ein dicker *Fladen* entsteht.

8. Das *Pflanzenöl* in einer Pfanne erhitzen. Die gefüllten *Reis-Fladen* hinzugeben und in ca. 5 Minuten auf jeder Seite goldbraun anbraten.

9. Die fertigen *Reis-Küchlein* auf einem Teller anrichten und servieren.

Mittwoch - Gemüseküchlein
an Gurken-Quark-Dip

Grießbrei

Rezept auf S. 159.

Obst

Bananen	1 Stück

Gemüseküchlein
an Gurken-Quark-Dip

Karotten	2 Stück
Rote Beete (Scheiben, gekocht)	100 g
Zwiebeln	1 Stück
Haferflocken	30 g
Paniermehl	2 EL
Eier	1 Stück
Käse	2 Scheiben (ca. 50 g)
Magerquark	100 g
Salatgurken	1/2 Stück
Pflanzenöl	2 EL

Salz
Pfeffer
Paprikapulver

E 43 g K 64 g F 34 g   3126 kJ / 747 kcal

1. Die *Karotten* schälen und mit einer Reibe raspeln oder in sehr kleine Würfel schneiden. Auch die *Zwiebel* schälen und in kleine Würfel schneiden. Die *Rote Beete Scheiben* und den *Käse* ebenfalls in sehr feine Würfel schneiden.

2. Das klein geschnittene *Gemüse* in eine Schüssel geben. Die *Haferflocken*, das *Paniermehl*, das *Ei* und die *Käsewürfel* hinzufügen. Mit *Salz*, *Pfeffer* und *Paprikapulver* würzen. Diese *Gemüsemasse* gut verkneten. (Falls die *Gemüsemasse* zu feucht ist, noch etwas *Paniermehl* unterkneten.)

3. Aus der *Gemüsemasse* kleine, flache *Küchlein* formen.

4. Etwas *Pflanzenöl* in einer Pfanne erhitzen und die *Gemüseküchlein* darin von beiden Seiten ca. 10 Minuten goldbraun braten.

....

Währenddessen:

5. Den *Quark* in eine Schüssel geben.

6. Die halbe *Salatgurke* waschen und der Länge nach halbieren. Mit einem Teelöffel das Kerngehäuse entfernen und die *Salatgurke* mit einer Reibe in feine Streifen reiben.

7. Die *Gurkenstreifen* unter den *Quark* mischen und mit *Salz* und *Pfeffer* abschmecken.

....

8. Die fertig gebratenen *Gemüseküchlein* auf einem Teller anrichten und zusammen mit dem *Gurken-Quark-Dip* servieren.

Spinatsuppe

Rezept auf S. 180.

Donnerstag - Bratkartoffeln mit Quark

Frühstück

Süßes Frühstück

Grau- oder Toastbrot	2-3 Scheiben
Butter	25 g
Marmelade	25 g
Schokocreme	25 g
Orangen oder Pfirsiche	1 Stück

Zwischenmahlzeit

Kidneybohnensalat

Rezept auf S. 163.

Hauptmahlzeit   ca. 45 Min.

Bratkartoffeln mit Quark

Kartoffeln	300 g
Zwiebeln	1 Stück
Pflanzenöl	3 EL
Magerquark	200 g
Milch	1 EL

Salz

E 32 g K 56 g F 20 g   2246 kJ / 537 kcal

1. Die *Kartoffeln* waschen, schälen und in dünne Scheiben schneiden. Die *Kartoffelscheiben* kurz in kaltes Wasser legen.

. . . .

Währenddessen:

2. Die *Zwiebel* schälen und in kleine Würfel schneiden.

3. Ein Drittel des *Pflanzenöls* in einer Pfanne erhitzen, die *Zwiebelwürfel* hinzugeben und andünsten, bis sie glasig sind.

4. Die gedünsteten *Zwiebelwürfel* auf einen Teller geben und beiseite stellen.

. . . .

5. Die *Kartoffelscheiben* aus dem Wasser nehmen und auf einem Geschirrtuch oder Küchenrolle trocken tupfen.

6. Das restliche *Pflanzenöl* in der Pfanne erhitzen, die *Kartoffelscheiben* hinzu geben und zugedeckt ca. 35 Minuten braten. Dabei gelegentlich wenden.

7. Einige Minuten vor Ende der Garzeit die *Zwiebelwürfel* zu den *Kartoffeln* geben, eine Prise *Salz* hinzufügen und nochmals ohne Deckel kräftig braten.

. . . .

Währenddessen:

8. Den *Quark*, eine Prise *Salz* und die *Milch* in eine Schüssel geben und glatt rühren.

. . . .

9. Die fertigen *Bratkartoffeln* auf einem Teller anrichten und mit dem *Quark* servieren.

Abendessen

Brotzeit

Grau-/Schwarzbrot	2-3 Scheiben
Butter	25 g
Wurst	2 Scheiben (ca. 40 g)
Käse	1 Scheibe (ca. 30 g)
Tomate	1 Stück (ca. 100 g)

Freitag - Spaghetti mit grünen Bohnen

Frühstück

Müsli-Pancakes

Rezept auf S. 157.

Zwischenmahlzeit

Tomatensalat

Rezept auf S. 165.

Hauptmahlzeit   ca. 40 Min.

Spaghetti mit grünen Bohnen

Bohnen (grün, tiefgekühlt)	200 g
Spaghetti	125 g
Zwiebeln	1 Stück
Sahne (süß)	50 g
Gemüsebrühe	1/4 TL (= 50 ml)
Pflanzenöl	2 EL

Salz

E 20 g K 104 g F 30 g   3243 kJ / 775 kcal

1. Ca. 1,5 Liter *Wasser* in einem Topf zum Kochen bringen. Die *Bohnen* hinzufügen und ca. 5-10 Minuten köcheln lassen.

2. Mit ca. 50 ml des *Kochwassers* die *Gemüsebrühe* aufgießen.

3. Danach etwas *Pflanzenöl*, 2 Prisen *Salz* und die *Spaghetti* zu den *Bohnen* in den Topf geben und ca. 8 Minuten weiter kochen/ziehen lassen, bis die *Spaghetti* und die *Bohnen* gar sind.

....

Währenddessen:

4. Die *Zwiebel* schälen und in Würfel schneiden. Ca. 1 EL *Pflanzenöl* in einer Pfanne erhitzen und die *Zwiebelwürfel* darin glasig dünsten.

5. Die *Brühe* und die *Sahne* zu den *Zwiebelwürfeln* gießen und ca. 5 Minuten köcheln lassen.

....

6. Wenn die *Bohnen* und die *Spaghetti* gar sind, das *Kochwasser* abgießen.

7. Die *Bohnen* und die *Spaghetti* zu der *Brühe-Sahne-Zwiebelsauce* geben, mit einer Prise *Salz* abschmecken und gut vermengen.

8. Die fertigen *Spaghetti mit grünen Bohnen* auf einem Teller schöpfen und servieren.

Pfandinsky erklärt: Statt tiefgekühlten Bohnen können auch frische Bohnen verwendet werden. In diesem Fall die Bohnen vorher waschen und auf beiden Seiten jeder Schote die Enden abschneiden. Die Bohnen vor dem Kochen in ca. 4 cm lange Stücke schneiden. Die Kochzeit frischer Bohnen beträgt ca. 20-30 Minuten.

Abendessen

Brotsuppe

Rezept auf S. 179.

Samstag - Marillenknödel

Frühstück

Herzhafter Frühstücksauflauf

Rezept auf S. 160.

Zwischenmahlzeit

Linsensalat

Rezept auf S. 164.

Hauptmahlzeit   ca. 75 Min.

Marillenknödel

Kartoffeln	250 g
Mehl	30 g
Hartweizengrieß	20 g
Eier	1 Stück
Pflanzenöl	2 EL
Puderzucker	2 TL
Aprikosen	4 Stück
Salz	

E 18 g K 91 g F 19 g   2488 kJ / 594 kcal

1. Die *Kartoffeln* waschen und in einen Topf geben. Soviel *Wasser* hinzugeben, bis die *Kartoffeln* bedeckt sind und zugedeckt zum Kochen bringen. Die *Kartoffeln* bei geringer Hitze ca. 20-30 Minuten zugedeckt köcheln lassen, bis sie weich sind.

2. Wenn die *Kartoffeln* gar sind, das *Kochwasser* abgießen und die *Kartoffeln* pellen.

3. Die gepellten *Kartoffeln* noch heiß mit einer Presse oder einer Gabel zerdrücken. Die zerdrückten *Kartoffeln* gut auskühlen lassen.

4. Die zerdrückten und ausgekühlten *Kartoffeln* in einer Schüssel mit dem *Mehl*, dem *Hartweizengrieß*, dem *Ei*, dem *Pflanzenöl* und einer kleinen Prise *Salz* vermengen und zu einem glatten *Teig* verkneten.

5. Die *Aprikosen* waschen und entsteinen.

6. Den *Kartoffel-Teig* in vier gleich große Portionen teilen. Jede *Aprikose* gleichmäßig mit einer Portion *Kartoffel-Teig* umhüllen und mit gut angefeuchteten Händen zu einem kugelförmigen *Knödel* formen.

7. Ca. 2 Liter *Wasser* in einem Topf zum Kochen bringen. Eine Prise *Salz* hinzufügen und die *Knödel* vorsichtig in das heiße *Wasser* geben. Die *Knödel* bei mittlerer Hitze ca. 15 Minuten gar ziehen lassen. (Das Wasser soll sich leicht bewegen, aber nicht kochen!)

8. Die fertig gegarten *Marillenknödel* aus dem *Kochwasser* nehmen und auf einem Teller anrichten. Mit etwas *Puderzucker* bestreuen und servieren.

Abendessen

Haferflockensuppe

Rezept auf S. 176.

Sonntag - Pfannkuchen mit Hackfleisch

Frühstück

Sonntagsfrühstück

Brötchen	*2 Stück*
Butter	*25 g*
Marmelade	*25 g*
Käse	*1 Scheibe (ca. 30 g)*
Wurst	*1 Scheibe (ca. 20 g)*
Eier	*1 Stück (gekocht)*
Orangen oder Pfirsiche	*1 Stück*

Pfandinsky's Tipp: Das zum Pfannkuchen gereichte Hackfleisch kann mit verschiedenem Gemüse geschmacklich variiert werden: Mischen Sie z.B. etwas fein geschnittenen Porree und Champignon-Scheiben oder Tomatenwürfel in Schritt (6) unter das bereits angebratene Hackfleisch. Dünsten Sie diese Hackfleisch-Gemüsemischung für weitere 10 Minuten.

Zwischenmahlzeit

Gurkensalat

Rezept auf S. 164.

Abendessen

Selleriesuppe

Rezept auf S. 178.

Hauptmahlzeit   ca. 60 Min.

Pfannkuchen mit Hackfleisch

Mehl	100 g
Eier	2 Stück
Zucker	1 Prise
Milch	200 ml
Hackfleisch	100 g
Pflanzenöl	6 EL
Salz	
Pfeffer	
Paprikapulver	

E 52 g K 92 g F 72 g   5097 kJ / 1217 kcal

1. Die *Eier*, den *Zucker*, eine Prise *Salz* und die *Milch* in eine Schüssel geben und mit einem Schneebesen gut verrühren.

2. Nach und nach das *Mehl* einrühren so dass ein dickflüssiger *Teig* entsteht. Beim Einrühren darauf achten, dass keine Klumpen entstehen. Den so hergestellten *Pfannkuchen-Teig* ca. 30 Minuten lang quellen lassen.

3. Ca. 1 EL *Pflanzenöl* in einer Pfanne erhitzen. Etwas *Teig* (ca. eine knappe Schöpfkelle) in die Pfanne geben und mit einer schwenkenden Handbewegung den *Teig* gleichmäßig in der Pfanne verteilen. (Der Boden der Pfanne sollte dünn mit Teig bedeckt sein.)

4. Den *Pfannkuchen* bei mittlerer Hitze so lange backen, bis der Rand goldgelb und die Oberfläche nicht mehr flüssig ist. Den *Pfannkuchen* vorsichtig mit einer Bratschaufel o.ä. wenden und die andere Seite ebenfalls goldgelb backen.

5. Den fertigen *Pfannkuchen* auf einen Teller geben und zudecken.

. . . .

Die Schritte (3) bis (5) so oft wiederholen, bis der ganze Teig zu Pfannkuchen verarbeitet wurde. (Die Teigmenge ergibt ca. 4 Pfannkuchen.)

. . . .

6. Etwas *Pflanzenöl* in einer Pfanne erhitzen, das *Hackfleisch* hinzugeben und kräftig anbraten. Mit etwas *Pfeffer* und *Paprikapulver* sowie einer Prise *Salz* würzen.

7. Das gebratene *Hackfleisch* gleichmäßig auf den fertigen *Pfannkuchen* verteilen und die *Pfannkuchen* aufrollen. Auf einem Teller anrichten und servieren.

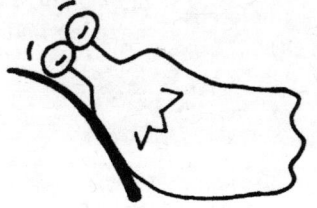

9. Woche

Einkaufliste nur Hauptmahlzeiten

	Packung / Einheit		Menge [Packungen] je Anzahl Personen			
			1 Pers.	2 Pers.	3 Pers.	4 Pers.
Graubrot	500	g	150 [1]	300 [1]	450 [1]	600 [2]
Weizenmehl	1000	g	175 [1]	350 [1]	525 [1]	700 [1]
Reis	500	g	80 [1]	160 [1]	240 [1]	320 [1]
Spaghetti	500	g	125 [1]	250 [1]	375 [1]	500 [1]
Linsen	500	g	50 [1]	100 [1]	150 [1]	200 [1]
Paniermehl	1000	g	15 [1]	30 [1]	45 [1]	60 [1]
Zucker	1000	g	50 [1]	100 [1]	150 [1]	200 [1]
Puderzucker	250	g	5 [1]	10 [1]	15 [1]	20 [1]
Rosinen	250	g	20 [1]	40 [1]	60 [1]	80 [1]
Tomatenmark	200	g	110 [1]	220 [2]	330 [2]	440 [3]
Senf (scharf)	200	ml	18 [1]	36 [1]	54 [1]	72 [1]
Gemüsebrühe (Pulver)	140	g	10 [1]	20 [1]	30 [1]	40 [1]
Pflanzenöl	1000	ml	180 [1]	360 [1]	540 [1]	720 [1]
Essig	1000	ml	10 [1]	20 [1]	30 [1]	40 [1]
Kidney-Bohnen	250	g $\frac{Abtr.}{Gew.}$	250 [1]	500 [2]	750 [3]	1000 [4]
Apfelmus	710	g	225 [1]	450 [1]	675 [1]	900 [2]
Vollmilch	1000	ml	100 [1]	200 [1]	300 [1]	400 [1]
Sahne (süß)	200	g	150 [1]	300 [2]	450 [3]	600 [3]
Hefe (frisch)	42	g	10 [1]	20 [1]	30 [1]	40 [1]
Eier	6	Stück	3 [1]	6 [1]	9 [2]	12 [2]
Hackfleisch	–	g	125 [–]	250 [–]	375 [–]	500 [–]
Kartoffeln	2000	g	560 [1]	1120 [1]	1680 [1]	2240 [2]
Zwiebeln	1000	g	525 [1]	1050 [2]	1575 [2]	2100 [3]
Karotten	1000	g	225 [1]	550 [1]	775 [1]	1000 [1]
Paprika	–	Stück	2 [–]	4 [–]	6 [–]	8 [–]

Gewürze: Salz, Pfeffer, Oregano, Curry, Paprikapulver, Lorbeerblätter

Einkaufliste alle Mahlzeiten

	Packung / Einheit		Menge [Packungen] je Anzahl Personen 1 Pers.	2 Pers.	3 Pers.	4 Pers.
Grau- oder Schwarzbrot	500	g	775 [2]	1550 [4]	2325 [5]	3100 [7]
Toastbrot	500	g	100 [1]	200 [1]	300 [1]	400 [1]
Brötchen	–	Stück	3 [–]	6 [–]	9 [–]	12 [–]
Weizenmehl	1000	g	180 [1]	360 [1]	540 [1]	720 [1]
Reis	500	g	80 [1]	160 [1]	240 [1]	320 [1]
Haferflocken	500	g	120 [1]	240 [1]	360 [1]	480 [1]
Hartweizengrieß	400	g	100 [1]	200 [1]	300 [1]	400 [1]
Spaghetti	500	g	125 [1]	250 [1]	375 [1]	500 [1]
Linsen	500	g	50 [1]	100 [1]	150 [1]	200 [1]
Paniermehl	1000	g	15 [1]	30 [1]	45 [1]	60 [1]
Zucker	1000	g	80 [1]	160 [1]	240 [1]	320 [1]
Puderzucker	250	g	25 [1]	50 [1]	75 [1]	100 [1]
Marmelade	450	g	90 [1]	180 [1]	270 [1]	360 [1]
Schokocreme	400	g	25 [1]	50 [1]	75 [1]	100 [1]
Rosinen	250	g	40 [1]	80 [1]	120 [1]	160 [1]
Tomatenmark	200	g	130 [1]	260 [2]	390 [2]	520 [3]
Senf (scharf)	200	ml	18 [1]	36 [1]	54 [1]	72 [1]
Gemüsebrühe (Pulver)	140	g	58 [1]	116 [1]	174 [2]	232 [2]
Pflanzenöl	1000	ml	285 [1]	570 [1]	855 [1]	1140 [2]
Essig	1000	ml	50 [1]	100 [1]	150 [1]	200 [1]
Rote Beete	350	g $^{Abtr.}_{Gew.}$	300 [1]	600 [2]	900 [3]	1200 [4]
Kidney-Bohnen	250	g $^{Abtr.}_{Gew.}$	250 [1]	500 [2]	750 [3]	1000 [4]
Apfelmus	710	g	350 [1]	700 [1]	1050 [2]	1400 [2]
Vollmilch	1000	ml	800 [1]	1600 [2]	2400 [3]	3200 [4]
Sahne (süß)	200	g	275 [2]	550 [3]	825 [5]	1100 [6]
Butter	250	g	100 [1]	200 [1]	300 [2]	400 [2]
Naturjoghurt	500	g	250 [1]	500 [1]	750 [2]	1000 [2]
Magerquark	500	g	50 [1]	100 [1]	150 [1]	200 [1]
Buttermilch	500	ml	200 [1]	400 [1]	600 [2]	800 [2]
Käseaufschnitt	200	g	140 [1]	280 [2]	420 [3]	560 [3]
Wurstaufschnitt	200	g	80 [1]	160 [1]	240 [2]	320 [2]
Kräuterfrischkäse	200	g	185 [1]	370 [2]	555 [3]	740 [4]
Hefe (frisch)	42	g	10 [1]	20 [1]	30 [1]	40 [1]
Eier	6	Stück	4 [1]	8 [2]	12 [2]	16 [3]
Hackfleisch	–	g	125 [–]	250 [–]	375 [–]	500 [–]
Erbsen (tiefgekühlt)	750	g	230 [1]	460 [1]	690 [1]	920 [2]

	Packung / Einheit		Menge [Packungen] je Anzahl Personen			
			1 Pers.	**2 Pers.**	**3 Pers.**	**4 Pers.**
Kartoffeln	2000	g	560 [1]	1120 [1]	1680 [1]	2240 [2]
Zwiebeln	1000	g	1000 [1]	2000 [2]	3000 [3]	4000 [4]
Karotten	1000	g	625 [1]	1250 [2]	1875 [2]	2500 [3]
Tomaten	–	Stück	5 [–]	9 [–]	14 [–]	18 [–]
Paprika	–	Stück	3 [–]	6 [–]	9 [–]	12 [–]
Zucchini	–	Stück	1 [–]	2 [–]	3 [–]	4 [–]
Salatgurken	–	Stück	1 [–]	1 [–]	2 [–]	2 [–]
Äpfel	–	Stück	4 [–]	8 [–]	12 [–]	16 [–]
Bananen	–	Stück	2 [–]	3 [–]	5 [–]	6 [–]
Pfirsiche oder Orangen	–	Stück	2 [–]	4 [–]	6 [–]	8 [–]
Zitronen	–	Stück	1 [–]	2 [–]	3 [–]	4 [–]

Gewürze: Salz, Pfeffer, Zimt, Oregano, Curry, Paprikapulver, Lorbeerblätter

Kosten

– nur Hauptmahlzeiten

	Kosten für ganze Packungen			Reine Verbrauchskosten		
	€	Pfand- flaschen	Gold (mg)	€	Pfand- flaschen	Gold (mg)
1 Pers.	22,–	88	684	9,–	36	280
2 Pers.	29,–	116	902	18,–	72	560
3 Pers.	35,–	140	1089	26,–	104	809
4 Pers.	44,–	176	1369	35,–	140	1089

– alle Mahlzeiten

	Kosten für ganze Packungen			Reine Verbrauchskosten		
	€	Pfand- flaschen	Gold (mg)	€	Pfand- flaschen	Gold (mg)
1 Pers.	39,–	156	1213	22,–	88	684
2 Pers.	58,–	232	1804	44,–	176	1369
3 Pers.	78,–	312	2426	65,–	260	2022
4 Pers.	100,–	400	3110	87,–	348	2706

Montag - Kartoffelgulasch

Birchermüsli

Rezept auf S. 156.

Erbsen-Karotten-Salat

Rezept auf S. 163.

> *Pfandinsky erklärt*: Nicht alle Linsensorten erfordern ein Einweichen über Nacht – in diesem Fall direkt mit Schritt (3) beginnen. Die Garungszeiten können je nach Sorte ebenfalls beträchtlich variieren, daher unbedingt auch die Packungsanleitung beachten.

Brotzeit

Grau-/Schwarzbrot	*2-3 Scheiben*
Butter	*25 g*
Wurst	*2 Scheiben (ca. 40 g)*
Käse	*1 Scheibe (ca. 30 g)*
Tomate	*1 Stück (ca. 100 g)*

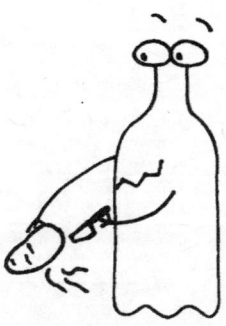

Hauptmahlzeit   8 Std. + ca. 45 Min.

Kartoffelgulasch

Kartoffeln	*200 g*
Linsen	*50 g*
Karotten	*1 Stück*
Paprika	*1/2 Stück*
Zwiebeln	*2 Stück*
Gemüsebrühe	*1 1/4 TL (= 250 ml)*
Sahne (süß)	*50 g*
Tomatenmark	*20 g*
Pflanzenöl	*1 EL*
Senf	*1 TL*
Salz	
Pfeffer	
Paprikapulver	
Lorbeerblätter	

E 23 g K 75 g F 23 g   2545 kJ / 608 kcal

1. Die *Linsen* in eine Schüssel geben, gut mit *Wasser* bedecken und über Nacht einweichen.

2. Das *Einweichwasser* der *Linsen* abgießen.

3. Die *Kartoffeln* waschen, schälen und in ca. 2×2 cm große Würfel schneiden. Die *Karotten* waschen, schälen und in kleine Würfel schneiden. Die halbe *Paprika* ebenfalls waschen, das Kerngehäuse entfernen und in Würfel schneiden. Die *Zwiebel* schälen und in kleine Würfel schneiden.

4. Die *Linsen* in einen Topf geben, ca. 300 ml *Wasser* hinzugießen und aufkochen lassen. Die *Linsen* bei geringer Hitze in ca. 30 Minuten gar kochen.

Währenddessen:

5. Etwas *Pflanzenöl* in einem Topf erhitzen. Die *Zwiebelwürfel* hinzugeben und andünsten, bis sie beginnen glasig zu werden.

6. Die *Kartoffel-, Karotten-* und *Paprikawürfel* zu den angedünsteten *Zwiebelwürfeln* geben und unter gelegentlichem Wenden ca. 5 Minuten dünsten.

7. Das *Tomatenmark*, den *Senf*, ein *Lorbeerblatt*, 1/2 TL *Paprikapulver*, ca. 250 ml *Wasser* und das *Brühepulver* zu dem gedünsteten *Gemüse* geben und gut vermischen. Das *Gemüse* mit geschlossenem Deckel bei geringer Hitze ca. 20 Minuten köcheln lassen.

8. Wenn die *Linsen* gar sind, das *Kochwasser* abgießen und die *Linsen* zur Seite stellen.

9. Wenn das *Gemüse* gar ist, das *Lorbeerblatt* entfernen. Die gekochten *Linsen* zu dem *Gemüse* geben und gut vermengen. Die *Sahne* hinzugießen und mit *Salz, Pfeffer* und *Paprikapulver* abschmecken. Das so hergestellte *Kartoffelgulasch* nochmals kurz erhitzen.

10. Das *Kartoffelgulasch* in einem tiefen Teller anrichten und heiß servieren.

Dienstag - Gemüsecurry mit Pfannenbrot

Frühstück

Porridge

Rezept auf S. 157.

Zwischenmahlzeit

Obst

Bananen   1 Stück

Abendessen

Erbsensuppe

Rezept auf S. 182.

Hauptmahlzeit   ca. 60 Min.

Gemüsecurry mit Pfannenbrot

Gemüsecurry:

Karotten	1 Stück
Zwiebeln	1 Stück
Paprika	1/2 Stück
Kartoffeln	1 Stück (ca. 60 g)
Pflanzenöl	2 EL
Gemüsebrühe	1/4 TL (= 50 ml)
Sahne (süß)	50 g

Salz
Curry

Pfannenbrot:

Mehl	125 g
Zucker	1 Prise
Hefe (frisch)	1/4 Würfel (ca. 10 g)
Pflanzenöl	2 EL

Salz

E 18 g K 114 g F 41 g   3783 kJ / 904 kcal

1. Ca. 75 ml *Wasser* in einem Topf auf Handtemperatur erwärmen (ca. 35°C) und in eine Tasse geben.
2. Einen gehäuften Esslöffel des *Mehls* in das *Wasser* einrühren und die *Hefe* unter langsamen Umrühren hineinbröckeln, so dass sie sich möglichst gleichmäßig auflöst.
3. Das übrige *Mehl*, den *Zucker* und das *Salz* in eine Schüssel geben und gut vermengen. In der Mitte des *Mehls* eine Mulde formen und den zuvor hergestellten *Hefe-Ansatz* hineingießen.

4. Etwas *Mehl* von den Rändern der Mulde über den *Hefe-Ansatz* streuen, so dass dieser leicht bedeckt wird.

5. Die Schüssel mit einem Leinentuch oder Cellophan locker zudecken und für ca. 10 Minuten an einen warmen Ort stellen, bis eine Vergrößerung des *Hefe-Ansatzes* sichtbar ist.

Währenddessen:

6. Die *Zwiebel* schälen und in kleine Würfel schneiden. Die *Paprika* waschen, zerteilen, das Kerngehäuse entfernen und die Hälfte der *Paprika* in Würfel schneiden. Die *Kartoffel* und die *Karotte* ebenfalls waschen, schälen und in kleine Würfel schneiden.

7. Die Hälfte des *Pflanzenöls* zu dem *Hefe-Ansatz* hinzugeben und die Masse gut durchkneten, so dass ein glatter, reißend fallender *Teig* entsteht.

8. Die Schüssel erneut locker zudecken und für weitere 20-30 Minuten an einen warmen Ort stellen, bis eine Vergrößerung des *Teiges* sichtbar ist.

Währenddessen:

9. Ca. 2 EL *Pflanzenöl* für das Gemüsecurry in einem Topf erhitzen und zunächst die *Zwiebelwürfel* darin glasig dünsten. Dann die *Paprika-*, *Kartoffel-* und *Karottenwürfel* hinzugeben. Mit 1/2 TL *Curry* bestreuen, gut durchmischen und knapp 5 Minuten bei geringer Hitze weiter dünsten.

10. Ca. 50 ml *Wasser* hinzugießen, das *Brühepulver* einrühren und das *Gemüse* weitere 15 Minuten dünsten.

11. Die *Sahne* an das *Gemüse* gießen und mit einer Prise *Salz* abschmecken. Das so hergestellte *Gemüsecurry* nochmals kurz erwärmen, beiseite stellen und zugedeckt warm halten.

12. Den *Teig* nochmals gut durchkneten und in drei Portionen teilen. Etwas *Mehl* auf die Handflächen geben und aus jeder *Teigportion* zunächst eine Kugel formen und diese dann zu einem *Fladen* flach drücken.

13. Etwas *Pflanzenöl* in einer Pfanne erhitzen. Die *Teigfladen* bei mittlerer Hitze nacheinander von beiden Seiten in der Pfanne goldbraun braten.

14. Das *Gemüsecurry* mit dem warmen *Pfannenbrot* auf einen Teller anrichten und servieren.

Mittwoch - Baked Beans

Grießbrei

Rezept auf S. 159.

Joghurt

Naturjoghurt	*250 g*
Marmelade	*20 g*

Baked Beans

Kidney-Bohnen	*1 Dose (ca. 250 g)*
Zwiebeln	*1 Stück*
Pflanzenöl	*2 EL*
Tomatenmark	*25 g*
Zucker	*1 TL*
Essig	*1 EL*
Senf	*1 TL*
Brot	*3 Scheiben*

Salz
Lorbeerblättter

E 36 g K 132 g F 16 g   3435 kJ / 821 kcal

1. Die *Zwiebel* schälen und in Würfel schneiden.

2. Das *Pflanzenöl* in einer Pfanne erhitzen, die *Zwiebelwürfel* hinzufügen und glasig dünsten.

3. Anschließend das *Tomatenmark*, die *Kidney-Bohnen* samt eigenem *Sud*, den *Zucker*, eine Prise *Salz*, den *Essig* und ein *Lorbeerblatt* hinzufügen. Alles gut vermengen und ca. 15 Minuten köcheln lassen. Ggf. etwas *Wasser* hinzufügen, falls die Masse zu stark eindickt.

Währenddessen:
4. Das *Brot* toasten.

5. Das getoastete *Brot* auf einen Teller legen und die fertigen *Baked Beans* darüber gießen oder das *Brot* getrennt zu den *Baked Beans* reichen und servieren.

> *Pfandinsky's Tipp*: Die Baked Beans können noch mit Schinkenspeck-Würfeln verfeinert werden. Braten Sie diese einfach in Schritt (2) zusammen mit den Zwiebelwürfeln in der Pfanne an.

Brotzeit

Grau-/Schwarzbrot   *2-3 Scheiben*

Paprika-Tomaten-Aufstrich

Rezept für den *Paprika-Tomaten-Aufstrich* auf S. 172.

Donnerstag - Tortilla

Süßes Frühstück

Grau- oder Toastbrot	*2-3 Scheiben*
Butter	*25 g*
Marmelade	*25 g*
Schokocreme	*25 g*
Orangen oder Pfirsiche	*1 Stück*

Zwischenmahlzeit

Tomatensalat

Rezept auf S. 165.

Hauptmahlzeit   ca. 30 Min.

Tortilla

Kartoffeln	*300 g*
Zwiebeln	*1 Stück*
Eier	*2 Stück*
Pflanzenöl	*4 EL*
Salz	
Pfeffer	

E 19 g   K 45 g   F 36g   2435 kJ / 582 kcal

1. Die *Kartoffeln* waschen, schälen und in sehr dünne Scheiben schneiden. Die *Zwiebel* ebenfalls schälen und in kleine Würfel schneiden.

2. Ca. 2 EL *Pflanzenöl* in einer Pfanne erhitzen und die *Zwiebelwürfel* darin glasig dünsten. Die gedünsteten *Zwiebelwürfel* auf einen Teller geben und beiseite stellen.

3. Erneut ca. 2 EL *Pflanzenöl* in der Pfanne erhitzen und die *Kartoffelscheiben* darin hellbraun braten. Anschließend die *Zwiebelwürfel* zu den *Kartoffeln* in die Pfanne geben und vorsichtig vermengen.

4. Die *Eier* in eine Schüssel geben. Die *Eier* mit einem Schneebesen verquirlen und mit je einer Prise *Pfeffer* und *Salz* würzen.

5. Die *Eimasse* über die *Kartoffel-Zwiebel-Masse* gießen und bei mittlere Hitze ca. 5 Minuten backen, bis die *Eimasse* stockt. Danach wenden (ggf. einen Teller zu Hilfe nehmen), und von der anderen Seite ebenfalls ca. 5 Minuten lang backen.

6. Die fertig gebackene Tortilla aus der Pfanne auf einen Teller gleiten lassen und servieren.

Abendessen

Grießklößchensuppe

Rezept auf S. 181.

Freitag - Spaghetti mit Paprikasauce

Frühstück

Deftiges Frühstück

Grau-/Schwarzbrot	2-3 Scheiben
Butter	25 g
Käse	1 Scheibe (ca. 30 g)
Wurst	1 Scheibe (ca. 20 g)
Kräuterfrischkäse	25 g
Tomaten	1 Stück (ca. 100 g)

Zwischenmahlzeit

Zucchinisalat

Rezept auf S. 167.

Pfandinsky's Tipp: Die Spaghetti mit Paprikasauce können mit Basilikum und Parmesan- oder Feta-Käse noch verfeinert werden: Mischen Sie ca. 1 EL gehacktes Basilikum in Schritt (9) in die Paprikasauce. Den Käse können Sie in Schritt (10) als feinen Abrieb (Parmesan) oder als fein geschnittene Würfel (Feta) auf die mit Paprikasauce übergossenen Spaghetti streuen.

Abendessen

Brotzeit

Grau- oder Toastbrot   2-3 Scheiben

Apfelaufstrich

Rezept für den *Apfelaufstrich* auf S. 172.

Hauptmahlzeit   ca. 30 Min.

Spaghetti
mit Paprikasauce

Spaghetti	125 g
Paprika	1 Stück
Tomatenmark	1 EL
Sahne (süß)	50 g
Gemüsebrühe	1/2 TL (= 50 ml)
Zwiebeln	1 Stück
Pflanzenöl	2 EL

Salz
Pfeffer
Paprikapulver

E 20 g K 109 g F 31 g   3351 kJ / 800 kcal

1. Die *Paprika* waschen, zerteilen, das Kerngehäuse entfernen und in ca. 1 cm große Würfel schneiden. Die *Zwiebel* schälen und in kleine Würfel schneiden.

2. Ca. 1 EL *Pflanzenöl* in einem Topf erhitzen. Die *Zwiebelwürfel* hinzugeben und glasig dünsten. Dann die *Paprikawürfel* hinzugeben und für ca. 5 Minuten weiter dünsten.

3. Insgesamt einen Esslöffel der angedünsteten *Paprika-* und *Zwiebelwürfel* aus dem Topf entnehmen und auf einen Teller beiseite stellen.

4. Ca. 50 ml *Wasser* in den Topf zu dem angedünsteten *Paprika-Zwiebel-Gemüse* gießen, und das *Brühepulver* darin einrühren. Anschließend das *Tomatenmark* hinzugeben und alles gut glattrühren.

5. Das *Paprika-Zwiebel-Gemüse* nochmals ca. 5 Minuten bei geringer Hitze und mit geschlossenem Deckel weich dünsten.

Währenddessen:

6. Ca. 1 l *Wasser* in einem Topf zum Kochen bringen. Eine Prise *Salz*, 1 EL *Pflanzenöl* und die *Spaghetti* hinzufügen und ca. 8 Minuten kochen/ziehen lassen.

7. Das *Kochwasser* der *Spaghetti* abgießen und die *Spaghetti* zugedeckt warm halten.

8. Das fertig gedünstetete *Paprika-Zwiebel-Gemüse* mit einem Mixstab pürieren oder durch ein Sieb zerdrücken.

9. Die zuvor beiseite gestellten *Paprika- und Zwiebelwürfel* zu dem *Gemüsepüree* geben und mit einer Prise *Salz, Paprikapulver* und *Pfeffer* abschmecken. Anschließend die *Sahne* hinzugießen und die so hergestellte *Paprikasauce* nochmals kurz erhitzen.

10. Die warm gehaltenen *Spaghetti* auf einem Teller anrichten, je nach Wunsch mit der *Paprikasauce* übergießen und servieren.

Samstag - Kaiserschmarrn mit Apfelmus

Frühstück

Karotten-Apfel-Müsli

Rezept auf S. 156.

Zwischenmahlzeit

Gurkensalat

Rezept auf S. 164.

Hauptmahlzeit   ca. 60 Min.

Kaiserschmarrn mit Apfelmus

Mehl	50 g
Milch	100 ml
Eier	1 Stück
Rosinen	1-2 EL
Zucker	40 g
Pflanzenöl	2 EL
Apfelmus	225 g
Puderzucker	1 TL

Salz

E 16 g K 137 g F 22 g   3439 kJ / 821 kcal

1. Das *Mehl* in eine Schüssel geben, die *Milch* und eine kleine Prise *Salz* hinzufügen und gut zu einem *Teig* vermengen.

2. Das *Ei* aufschlagen und *Eiklar* und *Eigelb* in verschiedene Gefäße auftrennen. Das *Eigelb* zusammen mit den *Rosinen* in den *Teig* einrühren.

3. Den *Teig* ca. 30 Minuten quellen lassen.

4. Das *Eiklar* in einer sauberen (fettfreien!) Schüssel steif schlagen. Wenn der *Eischnee* beginnt steif zu werden, 1 EL *Zucker* hinzugeben und den *Eischnee* fertig schlagen.

5. Das *Eiklar* mit einem Schneebesen vorsichtig unter den *Teig* heben.

6. Das *Pflanzenöl* in einer Pfanne erhitzen. Den fertigen *Teig* hinein gießen und glatt streichen.

7. Den *Teig* ca. 5 Minuten bei mittlerer Hitze backen, bis die untere Seite goldgelb ist. Danach wenden und auch von der anderen Seite ca. 5 Minuten backen. Bei Bedarf erneut etwas *Pflanzenöl* hinzugeben, damit der *Teig* nicht festbrennt.

8. Den so gebackenen *Kaiserschmarrn* auf einen Teller geben und mit zwei Gabeln in Stücke reißen. Den restlichen *Zucker* darüber streuen.

9. Die *Kaiserschmarrn-Stücke* in der Pfanne nochmals so lange erhitzen, bis der *Zucker* leicht karamellisiert ist.

10. Den *Kaiserschmarrn* zusammen mit dem *Apfelmus* auf einem Teller anrichten. Je nach Geschmack noch etwas *Puderzucker* darüber streuen und servieren.

Abendessen

Zwiebelsuppe

Rezept auf S. 183.

Sonntag - Frikadellen mit Tomatenreis

Sonntagsfrühstück

Brötchen	2 Stück
Butter	25 g
Marmelade	25 g
Käse	1 Scheibe (ca. 30 g)
Wurst	1 Scheibe (ca. 20 g)
Eier	1 Stück (gekocht)
Orangen oder Pfirsiche	1 Stück

Zwischenmahlzeit

Obst

Äpfel	1 Stück

Hauptmahlzeit   ca. 45 Min.

Frikadellen mit Tomatenreis

Hackfleisch	125 g
Zwiebeln	1 Stück
Paniermehl	1-2 EL
Senf	1/2 TL
Pflanzenöl	3 EL
Reis	80 g
Tomatenmark	ca. 50 g
Salz	
Oregano	
Paprikapulver	

E 39 g K 92 g F 40 g   3709 kJ / 886 kcal

1. Die Zwiebel schälen und in Würfel schneiden. Ca. 1 EL Pflanzenöl in einer Pfanne erhitzen und die Zwiebeln darin glasig dünsten.

2. Das Hackfleisch in eine Schüssel geben. Das Paniermehl zusammen mit den gedünsteten Zwiebeln, 1 TL Tomatenmark, dem Senf, einer Prise Oregano, etwas Paprikapulver und einer Prise Salz zu dem Hackfleisch geben. Diese Hackfleisch-Masse gut verkneten.

3. Aus der Hackfleisch-Masse kleine Frikadellen formen.

4. Ca. 2 EL Pflanzenöl in einer Pfanne erhitzen, die Frikadellen hineingeben und bei mittlerer Hitze von beiden Seiten ca. 15 bis 20 Minuten knusprig braten. Dabei gelegentlich wenden.

....
Währenddessen:

5. Ca. 400 ml Wasser in einem Topf zum Kochen bringen. Eine Prise Salz und 2-3 EL Tomatenmark hinzufügen. Den Reis in das kochende Wasser geben und ca. 12-15 Minuten bei schwacher Hitze kochen lassen. (Die Kochzeit kann je nach Reissorte variieren, daher bitte Packungsanleitung beachten.)

....
6. Ist der Reis fertiggekocht, das Kochwasser abgießen und den Reis auf einen Teller geben, zusammen mit den gebratenen Frikadellen anrichten und servieren.

Abendessen

Rote-Beete-Suppe

Rezept auf S. 180.

10. Woche

Einkaufliste nur Hauptmahlzeiten

	Packung / Einheit		Menge [Packungen] je Anzahl Personen			
			1 Pers.	2 Pers.	3 Pers.	4 Pers.
Weizenmehl	1000	g	425 [1]	850 [1]	1275 [2]	1700 [2]
Reis	500	g	125 [1]	250 [1]	375 [1]	500 [1]
Hartweizengrieß	400	g	100 [1]	200 [1]	300 [1]	400 [1]
Spaghetti	500	g	125 [1]	250 [1]	375 [1]	500 [1]
Zucker	1000	g	35 [1]	70 [1]	105 [1]	140 [1]
Tomatenmark	200	g	220 [2]	440 [3]	660 [4]	880 [5]
Gemüsebrühe (Pulver)	140	g	20 [1]	40 [1]	60 [1]	80 [1]
Pflanzenöl	1000	ml	175 [1]	350 [1]	525 [1]	700 [1]
Essig	1000	ml	5 [1]	10 [1]	15 [1]	20 [1]
Essiggurken	370	g $\frac{Abtr.}{Gew.}$	15 [1]	30 [1]	45 [1]	60 [1]
Sauerkraut	500	g $\frac{Abtr.}{Gew.}$	325 [1]	650 [2]	975 [2]	1300 [3]
Apfelmus	710	g	225 [1]	450 [1]	675 [1]	900 [2]
Thunfisch	150	g $\frac{Abtr.}{Gew.}$	150 [1]	300 [2]	450 [3]	600 [4]
Vollmilch	1000	ml	663 [1]	1326 [2]	1989 [2]	2652 [3]
Sahne (süß)	200	g	50 [1]	100 [1]	150 [1]	200 [1]
Kräuterfrischkäse	200	g	50 [1]	100 [1]	150 [1]	200 [1]
Käseaufschnitt	200	g	30 [1]	60 [1]	90 [1]	120 [1]
Hefe (frisch)	42	g	10 [1]	20 [1]	30 [1]	40 [1]
Eier	6	Stück	1 [1]	2 [1]	3 [1]	4 [1]
Hackfleisch	–	g	125 [–]	250 [–]	375 [–]	500 [–]
Kartoffeln	2000	g	350 [1]	700 [1]	1050 [1]	1400 [2]
Zwiebeln	1000	g	300 [1]	600 [1]	900 [1]	1200 [2]
Karotten	1000	g	200 [1]	400 [1]	600 [1]	800 [1]
Paprika	–	Stück	1 [–]	2 [–]	3 [–]	4 [–]

Gewürze: Salz, Pfeffer, Muskatnuss, Zimt, Oregano, Paprikapulver

Einkaufliste alle Mahlzeiten

	Packung / Einheit		Menge [Packungen] je Anzahl Personen			
			1 Pers.	2 Pers.	3 Pers.	4 Pers.
Grau- oder Schwarzbrot	500	g	675 [2]	1350 [3]	2025 [5]	2700 [6]
Toastbrot	500	g	200 [1]	400 [1]	600 [2]	800 [1]
Brötchen	–	Stück	2 [–]	4 [–]	6 [–]	8 [–]
Weizenmehl	1000	g	455 [1]	910 [1]	1365 [2]	1820 [2]
Reis	500	g	175 [1]	350 [1]	525 [2]	700 [2]
Haferflocken	500	g	180 [1]	360 [1]	540 [2]	720 [2]
Hartweizengrieß	400	g	100 [1]	200 [1]	300 [1]	400 [1]
Spaghetti	500	g	125 [1]	250 [1]	375 [1]	500 [1]
Zucker	1000	g	90 [1]	180 [1]	270 [1]	360 [1]
Marmelade	450	g	50 [1]	100 [1]	150 [1]	200 [1]
Schokocreme	400	g	25 [1]	50 [1]	75 [1]	100 [1]
Rosinen	250	g	40 [1]	80 [1]	120 [1]	160 [1]
Tomatenmark	200	g	300 [2]	600 [3]	900 [5]	1200 [6]
Mayonnaise	500	ml	20 [1]	40 [1]	60 [1]	80 [1]
Senf (scharf)	200	ml	10 [1]	20 [1]	30 [1]	40 [1]
Gemüsebrühe (Pulver)	140	g	58 [1]	116 [1]	174 [2]	232 [2]
Pflanzenöl	1000	ml	315 [1]	630 [1]	945 [1]	1260 [2]
Essig	1000	ml	78 [1]	156 [1]	234 [1]	312 [1]
Essiggurken	370	g $\frac{Abtr.}{Gew.}$	15 [1]	30 [1]	45 [1]	60 [1]
Sauerkraut	500	g $\frac{Abtr.}{Gew.}$	475 [1]	950 [2]	1425 [3]	1900 [4]
Kidney-Bohnen	250	g $\frac{Abtr.}{Gew.}$	125 [1]	250 [1]	375 [2]	500 [2]
Apfelmus	710	g	350 [1]	700 [1]	1050 [2]	1400 [2]
Thunfisch	150	g $\frac{Abtr.}{Gew.}$	150 [1]	300 [2]	450 [3]	600 [4]
Backpulver	10×15	g	2 [1]	4 [1]	6 [1]	8 [1]
Natron	5×5	g	2 [1]	4 [1]	6 [1]	8 [1]
Vollmilch	1000	ml	863 [1]	1726 [1]	2589 [3]	3452 [4]
Sahne (süß)	200	g	220 [2]	440 [3]	660 [4]	880 [5]
Butter	250	g	125 [1]	250 [1]	375 [2]	500 [2]
Magerquark	500	g	50 [1]	100 [1]	150 1]	200 [1]
Buttermilch	500	ml	300 [1]	600 [2]	900 [2]	1200 [3]
Käseaufschnitt	200	g	300 [2]	600 [3]	900 [5]	1200 [6]
Wurstaufschnitt	200	g	120 [1]	240 [2]	360 [2]	480 [3]
Kräuterfrischkäse	200	g	95 [1]	190 [1]	285 [2]	380 [2]
Hefe (frisch)	42	g	10 [1]	20 [1]	30 [1]	40 [1]
Eier	6	Stück	5 [1]	10 [2]	15 [3]	20 [4]
Hackfleisch	–	g	125 [–]	250 [–]	375 [–]	500 [–]

	Packung / Einheit		Menge [Packungen] je Anzahl Personen			
			1 Pers.	2 Pers.	3 Pers.	4 Pers.
Kartoffeln	2000	g	350 [1]	700 [1]	1050 [1]	1400 [1]
Zwiebeln	1000	g	750 [1]	1500 [2]	2250 [3]	3000 [3]
Karotten	1000	g	400 [1]	800 [1]	1200 [2]	1600 [2]
Tomaten	–	Stück	6 [–]	12 [–]	18 [–]	24 [–]
Paprika	–	Stück	1 [–]	2 [–]	3 [–]	4 [–]
Knollen-Sellerie	–	g	200 [–]	400 [–]	600 [–]	800 [–]
Zucchini	–	Stück	1 [–]	2 [–]	3 [–]	4 [–]
Salatgurken	–	Stück	1 [–]	2 [–]	3 [–]	4 [–]
Äpfel	–	Stück	4 [–]	7 [–]	11 [–]	14 [–]
Bananen	–	Stück	3 [–]	5 [–]	8 [–]	10 [–]
Pfirsiche oder Orangen	–	Stück	2 [–]	4 [–]	6 [–]	8 [–]
Zitronen	–	Stück	1 [–]	1 [–]	2 [–]	2 [–]

Gewürze: Salz, Pfeffer, Muskatnuss, Zimt, Oregano, Curry, Paprikapulver

Kosten

– nur Hauptmahlzeiten

	Kosten für ganze Packungen			Reine Verbrauchskosten		
	€	Pfand- flaschen	Gold (mg)	€	Pfand- flaschen	Gold (mg)
1 Pers.	20,–	80	622	8,–	32	249
2 Pers.	26,–	104	809	16,–	64	498
3 Pers.	30,–	120	933	24,–	96	746
4 Pers.	37,–	148	1151	31,–	124	964

– alle Mahlzeiten

	Kosten für ganze Packungen			Reine Verbrauchskosten		
	€	Pfand- flaschen	Gold (mg)	€	Pfand- flaschen	Gold (mg)
1 Pers.	39,–	156	1213	22,–	88	684
2 Pers.	57,–	228	1773	44,–	176	1369
3 Pers.	80,–	320	2488	65,–	260	2022
4 Pers.	98,–	392	3048	87,–	348	2706

Montag - Spätzle mit Sauerkraut

Frühstück

Herzhafter Frühstücksauflauf

Rezept auf S. 160.

Zwischenmahlzeit

Kidneybohnensalat

Rezept auf S. 163.

Pfandinsky's Tipp: Die Spätzle mit Sauerkraut können Sie auch zusätzlich mit Zwiebel- und Schinkenspeck-Würfeln verfeinern. Hierzu die Zwiebel schälen und in feine Würfel schneiden und zusammen mit den Schinkenspeck-Würfeln in Schritt (8) ca. 5-10 Minuten im Pflanzenöl anbraten, bevor das Sauerkraut und die Spätzle hinzugegeben werden.

Abendessen

Brotzeit

Grau-/Schwarzbrot	2-3 Scheiben
Butter	25 g
Wurst	2 Scheiben (ca. 40 g)
Käse	1 Scheibe (ca. 30 g)
Tomate	1 Stück (ca. 100 g)

Hauptmahlzeit   ca. 60 Min.

Spätzle mit Sauerkraut

Mehl	125 g
Milch	50 ml
Eier	1 Stück
Pflanzenöl	2 EL
Sauerkraut (gegart)	200 g
Salz	

E 24 g K 94 g F 21 g   2833 kJ / 677 kcal

1. Das *Mehl* in eine Schüssel geben. Die *Milch*, eine Prise *Salz* und das *Ei* hinzugeben. die Masse mit einem Handrührgerät mit Knethaken so lange kneten, bis ein glatter, zähdickflüssiger *Teig* entsteht. Den *Teig* zugedeckt ca. 30 Minuten ruhen lassen.

....

Währenddessen:

2. Ein Holzbrett für ca. 10 Minuten in kaltem Wasser einweichen.

3. Ca. 2 l *Wasser* in einem Topf zum Kochen bringen, eine Prise *Salz* hinzufügen.

....

4. Wenn das *Wasser* kocht, den Topf von der Kochstelle ziehen. Das Holzbrett kurz mit kaltem Wasser abspülen.

5. Etwa 3 EL *Teig* auf die untere Hälfte des Holzbrettes geben und am unteren Ende flach streichen. Ein glattes, breiteres Messer mit dem *Kochwasser* befeuchten und hiermit schmale Streifen des *Teigs* vom Brett in das *Kochwasser* schaben.

6. Das *Kochwasser* erneut zum Kochen bringen und so die zuvor hineingeschabten *Spätzle* in knapp 2 Minuten unter vorsichtigem Wenden gar kochen. Die fertig gegarten *Spätzle* mit einem Schaumlöffel oder einem größeren Sieb aus dem *Kochwasser* schöpfen und in eine Schüssel oder auf ein Backblech geben.

....

Die Schritte (4) bis (6) so oft wiederholen, bis der ganze Teig zu Spätzle verarbeitet wurde.

....

8. Das *Pflanzenöl* in einer Pfanne erhitzen. Das *Sauerkraut* (ggf. vorher abtropfen lassen) und die *Spätzle* hinzufügen. Bei mittlerer Hitze ca. 10 Minuten anbraten, gelegentlich vorsichtig wenden.

9. Die fertig gebratenen *Spätzle mit Sauerkraut* auf einem Teller anrichten und servieren.

Dienstag - Grießschnitten mit Apfelmus

Frühstück

Deftiges Frühstück

Grau-/Schwarzbrot	2-3 Scheiben
Butter	25 g
Käse	1 Scheibe (ca. 30 g)
Wurst	1 Scheibe (ca. 20 g)
Kräuterfrischkäse	25 g
Tomaten	1 Stück (ca. 100 g)

Zwischenmahlzeit

Karotten-Sellerie-Salat

Rezept auf S. 166.

Hauptmahlzeit   ca. 30 Min.

Grießschnitten mit Apfelmus

Hartweizengrieß	100 g
Zucker	25 g
Milch	400 ml
Pflanzenöl	2 EL
Apfelmus	225 g
Zimt	

E 25 g K 151 g F 28 g   4035 kJ / 964 kcal

1. Die *Milch* in einem Topf zum Kochen bringen.

2. Den *Grieß* und den *Zucker* unter ständigem Rühren in die *Milch* geben. Bei geringer Hitze ca. 5 Minuten weiterrühren, bis das Gemisch zu einem Brei eindickt.

3. Einen großen, flachen Teller mit kaltem Wasser abspülen. Den fertigen *Grießbrei* auf den Teller geben, flach ausstreichen (ca. 1 cm Dicke) und erkalten lassen.

4. Die Hälfte des *Pflanzenöls* in einer Pfanne erhitzen. Den erkalteten *Grießbrei* in Portionen schneiden. Die so hergestellten *Grießschnitten* nacheinander bei mittlerer Hitze von beiden Seiten goldbraun braten. Nach Bedarf wiederholt *Pflanzenöl* neu hinzugeben.

5. Die *Grießschnitten* mit *Apfelmus* anrichten, je nach Geschmack mit etwas *Zimt* bestreuen und servieren.

Pfandinsky's Tipp: Die Grießschnitten können zusätzlich mit Mehl, Ei und Semmelbröseln paniert werden: Geben Sie ein Ei in einen flachen Teller und verquirlen Sie es mit einer Gabel. Bestäuben Sie die in Schritt (4) hergestellten Grießschnitten beidseitig mit etwas Mehl, wenden Sie diese in der Ei-Masse und bestreuen Sie sie abschließend dünn mit Semmelbröseln.

Abendessen

Zucchinisuppe

Rezept auf S. 177.

Mittwoch - Gefüllte Paprika

Frühstück

Birchermüsli

Rezept auf S. 156.

Zwischenmahlzeit

Obst

Bananen	1 Stück

Hauptmahlzeit   ca. 90 Min.

Gefüllte Paprika

Paprika (groß)	1 Stück
Reis	125 g
Zwiebeln	1 Stück
Pflanzenöl	2 EL
Gemüsebrühe	1 TL (= 200 ml)
Tomatenmark	50 g

Salz
Oregano

E 15 g K 118 g F 15 g   2807 kJ / 671 kcal

1. Die *Zwiebel* schälen und in kleine Würfel schneiden.

2. Das *Pflanzenöl* in einer Pfanne erhitzen und die *Zwiebelwürfel* darin glasig dünsten. Den *Reis* hinzufügen und 1 Minute mitdünsten.

3. Ca. 300 ml *Wasser*, das *Tomatenmark*, eine Prise *Oregano* und eine Prise *Salz* zu dem *Reis* geben und alles gut vermengen.

4. Wenn der *Reis* das *Wasser* größtenteils aufgesaugt hat, wieder etwas *Wasser* nachgießen und bei geringer Hitze weiter köcheln lassen. Dabei gelegentlich umrühren.

Den Schritt (4) so oft wiederholen, bis der *Reis* gar ist und das *Wasser* größtenteils aufgesaugt und verdampft ist (ca. 25-30 Minuten).

Währenddessen:

5. Die *Paprika* waschen. Am Stielende der *Paprika* einen flachen Deckel abschneiden und das Kerngehäuse aus der *Paprika* entfernen.

6. Ca. 200 ml *Wasser* in einem Topf zum Kochen bringen und das *Brühepulver* darin einrühren.

7. Die fertig gegarte *Reis-Masse* in die vorbereitete *Paprika* füllen und den Deckel der *Paprika* wieder auflegen. Die evtl. übrige *Reis-Masse* beiseite stellen.

8. Die gefüllte *Paprika* in den Topf mit der *Suppenbrühe* stellen, und abgedeckt bei mittlerer Hitze ca. 50 Minuten garen.

9. Die gegarte gefüllte *Paprika* auf einem Teller anrichten. Die evtl. übrige *Reis-Masse* erwärmen und dazu geben.

Abendessen

Haferflockensuppe

Rezept auf S. 176.

Donnerstag - Herzhafte Strudeltäschchen

Frühstück

Süßes Frühstück

Grau- oder Toastbrot	2-3 Scheiben
Butter	25 g
Marmelade	25 g
Schokocreme	25 g
Orangen oder Pfirsiche	1 Stück

Zwischenmahlzeit

Sellerie-Apfel-Salat

Rezept auf S. 166.

Abendessen

Brotzeit

Grau-/Schwarzbrot	2-3 Scheiben

Eier-Senfcreme

Rezept für die Eier-Senfcreme auf S. 173.

Hauptmahlzeit   ca. 90 Min.

Herzhafte Strudeltäschchen

Mehl	100 g
Pflanzenöl	5 EL
Essig	1 TL
Sauerkraut (gegart)	125 g
Zwiebeln	1 Stück
Karotten	1 Stück
Kräuterfrischkäse	50 g
Kartoffeln	1 Stück (ca. 100 g)
Milch	100 ml

Salz
Pfeffer
Paprikapulver
Muskatnuss

E 23 g K 103 g F 47 g   3932 kJ / 939 kcal

1. Das *Mehl* in eine Schüssel geben. 30 ml *Wasser*, Ca. 3 EL *Pflanzenöl*, eine kleine Prise *Salz* und den *Essig* hinzufügen und alles zu einem glatten *Teig* verkneten.

2. Einen kleinen Topf erhitzen, indem etwas *Wasser* darin zum Kochen gebracht wird. Das *Wasser* abgießen, den Topf zur Seite stellen und mit Backpapier auslegen.

3. Den *Teig* auf das Backpapier in den heißen Topf legen und den Topf mit einem Deckel verschließen. Den *Teig* so ca. 30 Minuten ruhen lassen.

4. Die *Zwiebel* schälen und in kleine Würfel schneiden. Die *Karotte* ebenfalls schälen und fein raspeln.

5. Ca. 1 EL *Pflanzenöl* in einer Pfanne erhitzen und die *Zwiebelwürfel* darin glasig dünsten. Dann die *Karottenraspel* hinzufügen und ca. 2 Minuten mitdünsten.

6. Das *Sauerkraut* (ggf. vorher abtropfen lassen) hinzufügen, mit einer Prise *Salz*, *Pfeffer* und *Paprikapulver* würzen und ca. 5 Minuten weiter dünsten.

7. Das fertig gedünstete *Zwiebel-Karotten-Sauerkrautgemüse* vom Herd nehmen. Den *Kräuterfrischkäse* hinzugeben und gut vermengen.

8. Den Backofen auf 180°C Umluft vorheizen.

Währenddessen:

9. Den *Teig* aus dem Topf entnehmen und in 4 Portionen teilen. Ein Geschirrtuch mit etwas *Mehl* bestäuben. Jede *Teigportion* auf das Geschirrtuch geben und sehr dünn etwa handtellergroß ausrollen.

10. Das *Zwiebel-Karotten-Sauerkrautgemüse* gleichmäßig auf die ausgerollten *Teigportionen* verteilen, dabei jeweils etwas Rand frei lassen.

11. Die *Teigportionen* aufrollen und die Enden gut zusammendrücken. Ein Backblech mit Backpapier belegen, die hergestellten *Strudelteigtaschen* darauf legen und mit etwas *Pflanzenöl* bestreichen.

12. Das Backblech in den vorgeheizten Backofen schieben und die *Strudelteigtaschen* ca. 25 Minuten knusprig backen.

Währenddessen:

13. Die *Kartoffel* schälen und in Würfel schneiden.

14. Die *Kartoffelwürfel* in einen Topf geben, knapp mit *Wasser* bedecken und zum Kochen bringen. Eine Prise *Salz* hinzufügen und in ca. 10 Minuten gar dünsten.

15. Die *Milch* zu den gedünsteten *Kartoffelwürfeln* gießen. Alles mit einem Mixstab pürieren oder glatt stampfen und gut verquirlen. Den so hergestellten *Kartoffelschaum* mit einer Prise *Muskatnuss* abschmecken.

16. Die fertig gebackenen *Strudeltaschen* aus dem Backofen nehmen. Den *Kartoffelschaum* auf einen Teller gießen, die *Strudeltaschen* darauf anrichten und servieren.

Freitag - Spaghetti mit Thunfischsauce

Frühstück

Bananenmüsli

Rezept auf S. 159.

Zwischenmahlzeit

Gurkensalat

Rezept auf S. 164.

Hauptmahlzeit   ca. 20 Min.

Spaghetti
mit Thunfischsauce

Spaghetti	125 g
Zwiebeln	1 Stück
Thunfisch	1/2 Dose (ca. 75 g)
Tomatenmark	70 g
Gemüsebrühe	1 TL (= 200 ml)
Sahne (süß)	50 g
Pflanzenöl	2 EL

Salz
Oregano

E 40 g K 110 g F 31 g   3726 kJ / 890 kcal

1. Ca. 1,2 l *Wasser* in einem Topf zum Kochen bringen. Mit 200 ml des heißen *Wassers* die *Gemüsebrühe* aufgießen. In den Topf mit dem kochenden *Wasser* eine Prise *Salz*, 1 EL *Pflanzenöl* und die *Spaghetti* hinzufügen und ca. 8 Minuten kochen/ziehen lassen.

....

Währenddessen:

2. Die *Zwiebel* schälen und in kleine Würfel schneiden. Das restliche *Pflanzenöl* in einer Pfanne erhitzen, die *Zwiebelwürfel* hinzugeben und andünsten, bis sie glasig sind.

3. Die *Zwiebeln* mit der *Brühe* ablöschen. Das *Tomatenmark* hinzugeben und gut verrühren, bis eine glatte *Sauce* entsteht. Mit je einer Prise *Oregano* und *Salz* abschmecken.

....

4. Das *Kochwasser* der *Spaghetti* abgießen und die *Spaghetti* abgedeckt warm halten.

5. Den *Thunfisch* aus der Dose nehmen, mit einer Gabel in kleine Stücke zerteilen und in die *Sauce* geben. Anschließend *Sahne* hinzugießen, vermengen und die fertige *Thunfisch-Sauce* ca. 5 Minuten köcheln lassen.

6. Die *Spaghetti* auf einen Teller geben und je nach Wunsch mit der *Thunfisch-Sauce* vermengen; auf einem Teller anrichten und servieren.

Abendessen

Tomatensuppe

Rezept auf S. 176.

Samstag - Hirtentopf

Frühstück

Müsli-Pancakes

Rezept auf S. 157.

Zwischenmahlzeit

Sauerkrautsalat

Rezept auf S. 162.

Hauptmahlzeit   ca. 30 Min.

Hirtentopf

Kartoffeln	250 g
Hackfleisch	125 g
Zwiebeln	1 Stück
Tomatenmark	50 g
Gemüsebrühe	2 TL (= 400 ml)
Karotten	1 Stück
Pflanzenöl	2 EL

Salz
Pfeffer
Oregano
Paprikapulver

E 37 g K 60 g F 33 g   2908 kJ / 695 kcal

1. Die Zwiebel und die Kartoffeln schälen und in kleine Würfel schneiden. Die Karotte ebenfalls schälen und fein raspeln.

2. Das Pflanzenöl in einer Pfanne erhitzen und die Zwiebelwürfel darin glasig dünsten. Dann das Hackfleisch hinzugeben und rundum leicht anbraten.

3. Die Kartoffelwürfel hinzugeben und ca. 5 Minuten mitbraten.

4. Ca. 400 ml Wasser hinzugießen und das Brühepulver darin einrühren. Anschließend das Tomatenmark und die Karottenraspel hinzugeben, und alles gut glattrühren.

5. Je nach Geschmack mit Salz, Pfeffer, Oregano und Paprikapulver würzen und ca. 20 Minuten köcheln lassen, dabei gelegentlich umrühren.

6. Den fertigen Hirtentopf in einen tiefen Teller schöpfen und servieren.

> Pfandinsky's Tipp: Der Hirtentopf kann auch mit anderem Gemüse variiert oder ergänzt werden. Hierzu eignen sich z.B. Paprika und Tomaten sehr gut.

Abendessen

Brotzeit

Grau-/Schwarzbrot	2-3 Scheiben
Butter	25 g
Wurst	2 Scheiben (ca. 40 g)
Käse	1 Scheibe (ca. 30 g)
Tomate	1 Stück (ca. 100 g)

Sonntag - Thunfischburger

Frühstück

Sonntagsfrühstück

Brötchen	2 Stück
Butter	25 g
Marmelade	25 g
Käse	1 Scheibe (ca. 30 g)
Wurst	1 Scheibe (ca. 20 g)
Eier	1 Stück (gekocht)
Orangen oder Pfirsiche	1 Stück

Zwischenmahlzeit

Gurkensalat

Rezept auf S. 164.

Pfandinsky's Tipp: Das Backrezept für *Burgerbrötchen* finden Sie auf S. 186.

Hauptmahlzeit   ca. 20 Min.

Thunfischburger

Burgerbrötchen	2 Stück
Thunfisch	1/2 Dose (ca. 75 g)
Tomatenmark	50 g
Essiggurken	1 Stück
Käse	1 Scheibe (ca. 30 g)

E 55 g K 169 g F 29 g   4878 kJ / 1165 kcal

1. Den *Thunfisch* aus der Dose nehmen und mit einer Gabel in kleine Stücke zerteilen.

2. Die *Burgerbrötchen* aufschneiden und jeweils die untere Hälfte mit dem *Tomatenmark* bestreichen. Die *Essiggurke* in dünne Scheiben schneiden und auf die bestrichenen *Burgerbrötchen-Hälften* legen.

3. Den zerteilten *Thunfisch* gleichmäßig auf den bestrichenen *Burgerbrötchen-Hälften* verteilen und jeweils 1/2 Scheibe *Käse* darauf legen.

4. Eine Pfanne auf niedriger Stufe erhitzen. Die *Burgerbrötchen-Hälften* mit der belegten Seite nach oben in die Pfanne legen. Die Pfanne mit einem Deckel verschließen und die *Burgerbrötchen-Hälften* ca. 8 Minuten erwärmen, so dass der *Käse* zu schmelzen beginnt.

5. Die *Burgerbrötchen-Hälften* aus der Pfanne nehmen und zusammenklappen; warm servieren.

Pfandinsky's Tipp: Der Thunfischburger kann mit Mayonnaise und Zwiebelringen noch verfeinert werden.

Abendessen

Zwiebelsuppe

Rezept auf S. 183.

Frühstücksrezepte

Nr. 1 — ca. 30 Min.

Birchermüsli

Haferflocken	40 g
Milch	150 ml
Äpfel	1 Stück
Bananen	1/2 Stück
Zitronensaft	2 TL
Sahne (süß)	25 g
Rosinen	1 EL
Zucker	1 Prise

E 12 g K 73 g F 16g   2107 kJ / 503 kcal

1. Die *Milch* in einem Topf bis knapp vor dem Kochpunkt erhitzen. Die *Milch* vom Herd nehmen, die *Haferflocken* einrühren und ca. 15 Minuten einweichen lassen.

....
Währenddessen:

2. Den *Apfel* waschen, vierteln und das Kerngehäuse entfernen. Den *Apfel* mit einer Reibe fein reiben oder in sehr kleine Stückchen schneiden. Den feingeriebenen *Apfel* in eine Schüssel geben.

3. Die *Banane* schälen und die Hälfte der *Banane* in kleine Stücke schneiden. Die *Bananenstücke* zu dem *Apfel* geben.

4. Den *Zitronensaft*, etwas *Zucker* und je nach Belieben ca. 1 EL *Rosinen* zu dem *Obst* geben und vermengen.

5. Die *Sahne* in eine Schüssel geben und mit dem Handrührgerät steif schlagen.
....

6. Die *Obst-Mischung* zu den eingeweichten *Haferflocken* geben und gut unterrühren. Die steif geschlagene *Sahne* darunter heben.

7. Das fertige *Birchermüsli* in eine Schale geben und servieren.

Nr. 2 — ca. 15 Min.

Karotten-Apfel-Müsli

Karotten	1 Stück
Äpfel	1 Stück
Haferflocken	40 g
Zitronensaft	3 TL
Buttermilch	200 g
Zucker	1 Prise

E 14 g K 59 g F 6g   1490 kJ / 356 kcal

1. Die *Buttermilch* in eine Schüssel geben und die *Haferflocken* einrühren und einweichen lassen.

....
Währenddessen:

2. Die *Karotte* waschen, schälen und mit einer Reibe fein reiben. Den *Apfel* waschen, vierteln, das Kerngehäuse entfernen und ebenfalls mit der Reibe fein reiben.

3. Den *Karotten-* und Apfel-Rieb in eine Schüssel geben, mit dem *Zitronensaft* beträufeln und vermengen.
....

4. Die *Karotten-Apfel-Mischung* zu den eingeweichten *Haferflocken* geben, gut unterrühren und mit etwas *Zucker* abschmecken.

5. Das fertige *Karotten-Apfel-Müsli* in eine Schale füllen und servieren.

Nr. 3 — ca. 30 Min.

Müsli-Pancakes

Buttermilch	100 ml
Mehl	25 g
Eier	1 Stück
Haferflocken	30 g
Backpulver	1/4 TL
Natron	.1/4 TL
Rosinen	1 EL
Zucker	20 g
Pflanzenöl	1 EL
Apfelmus	125 g
Salz	

E 17 g K 72 g F 15 g   2130 kJ / 509 kcal

1. Das *Mehl*, die *Haferflocken*, das *Backpulver*, das *Natron*, nach Belieben ca. 1 EL *Rosinen* und eine kleinen Prise *Salz* in eine Schüssel geben und alles gut vermischen.

2. Das *Ei*, die *Buttermilch* und den *Zucker* in eine zweite Schüssel geben und alles mit einem Schneebesen gut verrühren.

3. Die *Ei-Buttermilch-Mischung* zu der *Mehl-Haferflocken-Mischung* geben, mit einem Schneebesen unterheben und zu einem *Teig* verrühren. Diesen *Teig* ca. 15 Minuten quellen lassen.

4. Etwas *Pflanzenöl* in einer Pfanne erhitzen. Für jeden Pancake ca. 2 EL *Teig* in die Pfanne geben und bei mittlerer Hitze von beiden Seiten goldbraun ausbacken. (Den Pancake erst dann wenden, wenn die Oberfläche nicht mehr flüssig ist und sich kleine Blasen bilden.)

5. Die fertig gebackenen *Müsli-Pancakes* auf einem Teller anrichten und zusammen mit dem *Apfelmus* servieren.

Nr. 4 — ca. 20 Min.

Porridge

Haferflocken	40 g
Sahne (süß)	50 g
Marmelade	1 EL
Rosinen	1 EL
Salz	

E 7 g K 43 g F 18 g   1560 kJ / 373 kcal

1. Ca. 200 ml *Wasser* in einem Topf zum Kochen bringen. Eine kleine Prise *Salz* hinzugeben und die *Haferflocken* einrühren. Die *Haferflocken* bei geringer Hitze und unter regelmäßigem Umrühren ca. 10 Minuten köcheln lassen.

....

Währenddessen:

2. Die *Sahne* in eine Schüssel geben und mit dem Handrührgerät steif schlagen.

....

3. Nach Belieben ca. 1 EL *Rosinen* in die *Haferflocken-Suppe* einrühren. Wenn die *Haferflocken-Suppe* zu fest wird, etwas *Wasser* nachgießen. (Die Haferflocken-Suppe sollte eine zähbreiige Konsistenz haben.)

4. Die *Haferflocken-Suppe* in eine Schale füllen, einen Esslöffel *Marmelade* und die geschlagene *Sahne* darauf geben und den fertigen *Porridge* servieren.

Nr. 5 ca. 15 Min.

Haferbrei

Haferflocken	40 g
Milch	200 ml
Äpfel	1 Stück
Zucker	1 Prise
Zimt	

E 12 g K 55 g F 10 g   1569 kJ / 375 kcal

1. Die *Milch* und die *Haferflocken* in einen Topf geben und unter Rühren zum Kochen bringen. Bei geringer Hitze ca. 5 Minuten leicht köcheln lassen und gelegentlich umrühren, bis die *Haferflocken* zu einem *Brei* eindicken.

Währenddessen:

2. Den *Apfel* waschen, vierteln und das Kerngehäuse entfernen. Den *Apfel* mit einer Reibe fein reiben oder in sehr kleine Stückchen schneiden.

3. Je nach gewünschter Konsistenz des *Haferbreis* noch etwas *Milch* oder *Haferflocken* in den Topf geben und nochmals kurz erhitzen.

4. Den geriebenen *Apfel*, sowie etwas *Zucker* und *Zimt* zu dem *Haferbrei* geben und alles gut verrühren.

5. Den fertigen *Haferbrei* in einen Teller schöpfen, je nach Geschmack noch ein wenig *Zimt* darüber streuen und servieren.

Nr. 6 ca. 15 Min.

Karamellisierter Armer Ritter

Brötchen (altbacken)	1 Stück
Milch	100 ml
Zucker	30 g
Pflanzenöl	1 EL

E 6 g K 58 g F 10 g   1460 kJ / 349 kcal

1. Die *Milch* in einen tiefen Teller geben. Das *Brötchen* aufschneiden. Beide *Brötchenhälften* kurz von beiden Seiten in der *Milch* einweichen.

2. Die eingeweichten *Brötchenhälften* von beiden Seiten mit *Zucker* bestreuen.

3. Etwas *Pflanzenöl* in einer Pfanne erhitzen und die *Brötchenhälften* in die Pfanne geben.

4. Die *Brötchenhälften* von beiden Seiten ca. 3 Minuten braten, bis der *Zucker* karamellisiert und die *Brötchenhälften* goldbraun sind.

5. Den fertigen *karamellisierten Armen Ritter* auf einen Teller geben und servieren.

Nr. 7 ca. 15 Min.

Bananenmüsli

Bananen	1 Stück
Haferflocken	40 g
Buttermilch	200 ml
Rosinen	1 EL
Zucker	1 Prise

E 13 g K 70 g F 5 g   1657 kJ / 396 kcal

1. Die *Banane* schälen, in eine Müsli-schale geben und mit einer Gabel zu Brei zerdrücken.

2. Die *Buttermilch* hinzugeben und gut mit dem *Bananenbrei* verrühren.

3. Die *Haferflocken* zu der *Bananen-Buttermilch-Mischung* geben und gut verrühren. Die *Haferflocken* darin ca. 5 Minuten einweichen lassen.

4. Je nach Belieben ca. 1 EL *Rosinen* hinzugeben, mit etwas *Zucker* süßen und vermischen.

5. Das fertige *Bananenmüsli* servieren.

Nr. 8 ca. 15 Min.

Apfel-Brot-Cocktail

Brot	2 Scheiben
Apfelmus	200 g
Magerquark	125 g
Milch	1-2 EL
Pflanzenöl	1 EL

E 23 g K 91 g F 9 g   2291 kJ / 547 kcal

1. Das *Brot* in ca. 0,5×0,5 cm kleine Würfel schneiden.

2. Den *Magerquark* und die *Milch* in eine Schüssel geben und glatt rühren.

3. Etwas *Pflanzenöl* in einer Pfanne erhitzen. Die *Brotwürfel* in die Pfanne geben und kross rösten.

4. In ein breites Glas so lange abwechselnd je eine Schicht *Brotwürfel*, Quark und *Apfelmus* geben, bis alle Zutaten aufgebraucht sind.

5. Den fertigen *Apfel-Brot-Cocktail* sofort servieren.

Nr. 9 ca. 10 Min.

Grießbrei

Hartweizengrieß	40 g
Milch	350 ml
Zucker	1/2 EL
Apfelmus	125 g
Salz	
Zimt	

E 16 g K 75 g F 13 g   2047 kJ / 489 kcal

1. Die *Milch* in einen Topf geben und zum Kochen bringen. Den Topf vom Herd nehmen.

2. Den *Grieß*, den *Zucker*, eine kleine Prise *Salz* und etwas *Zimt* in die *Milch* einrühren und den Topf wieder auf den Herd stellen.

3. Den *Grießbrei* bei geringer Hitze unter ständigem Rühren ca. 5 Minuten eindicken lassen.

4. Den fertigen *Grießbrei* in eine Schale geben und mit dem *Apfelmus* servieren.

Nr. 10   ca. 30 Min.

Herzhafter Frühstücksauflauf

Brot	2 Scheiben
Käse	2 Scheiben (ca. 50 g)
Eier	1 Stück
Milch	50 ml
Pflanzenöl	1 EL

Salz
Pfeffer

E 28 g K 55 g F 26g   2407 kJ / 575 kcal

> *Pfandinsky's Tipp*: Die Schritte (1) bis (3) können auch am Abend zuvor durchgeführt werden – die Milch-Ei-Käse-Brot-Mischung dann über Nacht im Kühlschrank aufbewahren.

1. Das *Brot* in Würfel schneiden. Den *Käse* in feine Streifen schneiden.

2. Die *Milch* und das *Ei* in eine Schüssel geben und mit einer Gabel gut verquirlen. Den klein geschnittenen *Käse* unter die *Milch-Ei-Mischung* rühren und mit *Pfeffer* und *Salz* würzen.

3. Die *Brotwürfel* zur *Milch-Ei-Käse-Mischung*, vermengen und gut durchziehen lassen.

4. Etwas *Pflanzenöl* in einer Pfanne erhitzen. Die *Milch-Ei-Käse-Brot-Mischung* in die Pfanne geben und bei geringer Hitze und geschlossenem Deckel jede Seite in ca. 10 Minuten goldbraun backen.

5. Den fertigen *herzhaften Frühstücksauflauf* je nach Geschmack noch mit etwas *Pfeffer* und *Salz* nachwürzen, auf einen Teller geben und servieren.

Salate

Nr. 1   ca. 60 Min.

Bohnensalat

Bohnen (grün, tiefgekühlt)	250 g
Zwiebeln	1/2 Stück
Essig	1 EL
Pflanzenöl	1 EL
Zucker	1 Prise
Salz	
Pfeffer	

E 4 g K 15 g F 10 g   682 kJ / 163 kcal

Pfandinsky erklärt: Statt tiefgekühlten Bohnen können auch frische Bohnen verwendet werden. In diesem Fall die Bohnen vorher waschen und auf beiden Seiten jeder Schote die Enden abschneiden. Die Bohnen vor dem Kochen in ca. 4 cm lange Stücke schneiden. Die Kochzeit frischer Bohnen beträgt ca. 20-30 Minuten.

1. Die *Bohnen* in einen Topf geben und so viel *Wasser* hinzugießen, bis die *Bohnen* knapp bedeckt sind. Eine Prise *Salz* hinzufügen und die *Bohnen* in ca. 10-15 Minuten gar kochen.

....
Währenddessen:

2. Die halbe *Zwiebel* schälen und in kleine Würfel schneiden.
....

3. Wenn die *Bohnen* gar sind, das *Kochwasser* abgießen und die *Bohnen* ein wenig abkühlen lassen.

4. Ca. 1 EL *Essig* und *Pflanzenöl* sowie eine Prise *Salz* und *Pfeffer* und etwas *Zucker* in eine Schüssel geben und gut verrühren. Die noch warmen *Bohnen* und die *Zwiebelwürfel* in diese *Salatsauce* geben und alles gut vermengen.

5. Den *Bohnensalat* ca. 30 Minuten durchziehen lassen. Dann nochmals mit etwas *Salz*, *Pfeffer* und *Essig* abschmecken und auf einem Teller servieren.

Nr. 2   ca. 10 Min.

Sauerkrautsalat

Sauerkraut (gegart)	150 g
Äpfel	1/2 - 1 Stück
Sahne (süß)	2 EL
Essig	1 EL
Zucker	1 Prise
Salz	
Pfeffer	

E 3 g K 24 g F 10 g   884 kJ / 211 kcal

1. Den *Apfel* waschen, vierteln, entkernen und in kleine Würfel schneiden. Das *Sauerkraut* (ggf. abtropfen lassen) klein schneiden und mit den *Apfel-Würfeln* in eine Schüssel geben.

2. Die *Sahne*, ca. 1 EL *Essig*, eine Prise *Zucker*, sowie etwas *Pfeffer* und *Salz* in eine Tasse geben und gut zu einer *Salatsauce* verrühren.

3. Die *Salatsauce* an die *Sauerkraut-Apfel-Mischung* gießen, alles gut vermengen und den fertigen *Sauerkrautsalat* auf einem Teller servieren.

Nr. 3 ca. 20 Min.

Kidneybohnensalat

Kidney-Bohnen	1/2 Dose (125 g)
Zwiebeln	1/2 - 1 Stück
Tomatenmark	3 EL
Essig	2 EL
Pflanzenöl	1 EL
Salz	
Pfeffer	
Oregano	

E 16 g K 34 g F 10 g   1241 kJ / 296 kcal

Nr. 4 ca. 20 Min.

Erbsen-Karotten-Salat

Erbsen (tiefgekühlt)	80 g
Karotten	1 Stück
Kräuterfrischkäse	1 EL
Essig	1 EL
Zucker	1 Prise
Salz	
Pfeffer	

E 7 g K 18 g F 5 g   609 kJ / 145 kcal

1. Die *Zwiebel* schälen und in kleine Würfel schneiden.

2. Etwas *Pflanzenöl* in einer Pfanne erhitzen. Die *Zwiebelwürfel* hinzugeben und bei geringer Hitze glasig dünsten.

Währenddessen:

3. Das *Tomatenmark* mit ca. 2 EL *Wasser*, dem *Essig* sowie etwas *Oregano*, *Pfeffer*, und *Salz* vermengen und glatt rühren.

4. Die *Tomatenmark-Essig-Würzmischung* zu den angedünsteten *Zwiebeln* geben. Alles einmal aufkochen lassen, die *Bohnen* hinzufügen, gut vermengen und ca. 5 Minuten bei geringer Hitze weiter köcheln lassen.

5. Den so hergestellten *Kidneybohnensalat* abkühlen lassen, bis er lauwarm ist, und nochmals mit *Essig, Pfeffer* und *Salz* abschmecken. Den fertigen *Kidneybohnensalat* auf einem Teller anrichten und servieren.

1. Die *Karotten* waschen, schälen und in kleine Würfel schneiden.

2. Die *Karottenwürfel* und die *Erbsen* in einen Topf geben, knapp mit *Wasser* bedecken und zum Kochen bringen. Eine Prise *Salz* hinzufügen und das *Karotten-Erbsen-Gemüse* bei geringer Hitze in ca. 5 Minuten fast weich dünsten.

Währenddessen:

3. Den *Kräuterfrischkäse* und den *Essig* in eine Schüssel geben, mit etwas *Salz, Pfeffer* und *Zucker* würzen und alles zu einer *Salatsauce* glatt rühren.

4. Wenn das *Karotten-Erbsen-Gemüse* gar ist, das *Kochwasser* abgießen und das *Karotten-Erbsen-Gemüse* etwas abkühlen lassen.

5. Das *Karotten-Erbsen-Gemüse* in die Schüssel zu der *Salatsauce* geben und alles gut durchmischen.

6. Den fertigen *Erbsen-Karotten-Salat* auf einem Teller anrichten und servieren.

Nr. 5   8 Std. + ca. 60 Min.

Linsensalat

Linsen	80 g
Zwiebeln	1/2 - 1 Stück
Karotten	1 Stück
Gemüsebrühe	1/4 TL (= 50 ml)
Essig	1 EL
Pflanzenöl	1 EL
Salz	
Pfeffer	

E 21 g K 45 g F 11 g   1511 kJ / 361 kcal

Pfandinsky erklärt: Nicht alle Linsensorten erfordern ein Einweichen über Nacht – in diesem Fall direkt mit Schritt (3) beginnen. Die Garungszeiten können je nach Sorte ebenfalls beträchtlich variieren, daher unbedingt auch die Packungsanleitung beachten.

---

1. Die *Linsen* in eine Schüssel geben, gut mit *Wasser* bedecken und über Nacht einweichen.

2. Das *Einweichwasser* der *Linsen* abgießen.

3. Ca. 500 ml *Wasser* in einem Topf zum Kochen bringen. Mit ca. 50 ml des heißen *Wassers* die *Gemüsebrühe* aufgießen. Die *Linsen* in das restliche heiße *Wasser* geben und bei geringer Hitze in ca. 30 Minuten gar kochen.

Währenddessen:

4. Die *Zwiebel* schälen und in kleine Würfel schneiden. Die *Karotte* waschen, schälen und in feine Streifen hobeln oder sehr klein schneiden.

5. Je ca. 1 EL *Essig* und *Pflanzenöl* sowie etwas *Pfeffer* und *Salz* in eine Schüssel geben. Die *Gemüsebrühe* hinzugießen und alles gut zu einer *Salatsauce* verrühren.

6. Wenn die *Linsen* gar sind, das *Kochwasser* abgießen und die *Linsen* kurz mit kaltem *Wasser* übergießen, abtropfen lassen und in die Schüssel zu der *Salatsauce* geben. Die *Karotten* und *Zwiebelwürfel* hinzufügen, alles gut vermischen und ca. 30 Minuten durchziehen lassen.

7. Den *Linsensalat* nochmals gut durchmischen und mit *Essig*, *Pfeffer* und *Salz* abschmecken. Den fertigen *Linsensalat* auf einem Teller anrichten und servieren.

Nr. 6   ca. 30 Min.

Gurkensalat

Salatgurken	1/2 Stück
Essig	1 EL
Pflanzenöl	1 EL
Zucker	1 Prise
Salz	
Pfeffer	

E 2 g K 10 g F 7 g   462 kJ / 110 kcal

1. Die halbe *Salatgurke* waschen und in sehr feine Scheiben schneiden.

2. Die *Gurkenscheiben* in eine Schüssel geben, etwas *Salz* hinzufügen und gut vermengen. Die *Gurkenscheiben* ca. 15 Minuten ziehen lassen.

3. Die gesalzenen *Gurkenscheiben* mit je 1 EL *Essig* und *Pflanzenöl* sowie etwas *Pfeffer* und *Zucker* würzen und alles gut vermischen.

4. Den fertigen *Gurkensalat* nochmals ca. 5 Minuten durchziehen lassen, ggf. nachwürzen und servieren.

Nr. 7   ca. 10 Min.

Tomatensalat

Tomaten	2-3 Stück
Zwiebel	1/2 Stück
Pflanzenöl	1 EL
Essig	1 EL
Salz	
Pfeffer	
Paprikapulver	

E 3 g K 8 g F 10 g   577 kJ / 138 kcal

1. Die *Zwiebel* schälen und in feine Ringe schneiden. Die *Tomaten* waschen, halbieren, den Strunk herausschneiden und in schmale Spalten schneiden.

2. Das *Pflanzenöl*, den *Essig* sowie je eine Prise *Salz*, *Pfeffer* und *Paprikapulver* in eine Schüssel geben und alles gut zu einer *Salatsauce* vermengen.

3. Die Tomatenspalten und die Zwiebelringe in die Salatsauce geben, gut vermengen und durchziehen lassen, ggf. nachwürzen und servieren.

Nr. 8   ca. 45 Min.

Rote-Beete-Salat

Rote Beete (gekocht)	200 g
Äpfel	1/2 - 1 Stück
Essiggurken	1 Stück
Kräuterfrischkäse	1/2 EL
Sahne (süß)	1 EL
Essig	1-2 EL
Senf	1/4 TL
Salz	
Pfeffer	

E 4 g K 38 g F 9 g   1075 kJ / 257 kcal

1. Die gekochte *Rote Beete* in dünne Scheiben schneiden. Den *Apfel* waschen, vierteln und das Kerngehäuse entfernen. Die *Apfelspalten* in dünne Scheiben schneiden. Die *Essiggurke* der Länge nach halbieren und ebenfalls in dünne Scheiben schneiden.

2. Den *Kräuterfrischkäse*, die *Sahne*, etwas *Essig*, den *Senf*, etwas *Pfeffer* und *Salz* in eine Schüssel geben und zu einer *Salatsauce* glatt rühren.

3. Die *Rote-Beete-*, die *Apfel-* und die *Essiggurken-Scheiben* in die Schüssel geben und vorsichtig mit der *Salatsauce* vermengen.

4. Den *Rote-Beete-Salat* ca. 30 Minuten durchziehen lassen. Anschließend nochmals mit etwas *Essig* und *Salz* abschmecken.

5. Den fertigen *Rote-Beete-Salat* in einen Salatteller geben und servieren.

Nr. 9   ca. 75 Min.

Sellerie-Apfel-Salat

Sellerie (Knolle)	100g
Äpfel	1 Stück
Sahne (süß)	50 g
Essig	1 EL
Salz	

E 3 g K 25 g F 16 g   1022 kJ / 244 kcal

1. Die *Sellerieknolle* waschen, schälen und mit einer Reibe fein raspeln oder in sehr feine Streifen schneiden. Den *Apfel* waschen, vierteln, das Kerngehäuse entfernen und ebenfalls mit einer Reibe fein raspeln oder in sehr feine Streifen schneiden.

2. Die *Sahne* so lange schlagen, bis sie gerade beginnt steif zu werden.

3. Ca. 1 EL *Essig* und eine Prise *Salz* in eine Schüssel geben und verrühren. Die *Sahne* hinzugeben und alles zu einer *Salatsauce* vermengen.

4. Die *Sellerie-* und *Apfelstreifen* in die Schüssel geben und mit der *Salatsauce* vermengen.

5. Den *Sellerie-Apfel-Salat* ca. 1 Stunde im Kühlschrank ziehen lassen.

6. Den *Sellerie-Apfel-Salat* nochmals mit etwas *Essig* und *Salz* abschmecken und servieren.

Nr. 10   ca. 15 Min.

Karotten-Sellerie-Salat

Karotten	1 Stück
Sellerie (Knolle)	100 g
Rosinen	1 EL
Sahne (süß)	1 EL
Kräuterfrischkäse	1 EL
Essig	1 EL
Zucker	1 Prise
Salz	
Pfeffer	

E 5 g K 24 g F 10 g   796 kJ / 190 kcal

1. Die *Karotte* und die *Sellerieknolle* waschen, schälen und mit einer Reibe fein raspeln oder sehr klein schneiden.

2. Die *Sahne*, den *Kräuterfrischkäse*, den *Essig*, etwas *Salz*, *Pfeffer* und eine Prise *Zucker* in eine Salatschüssel geben und gut zu einer *Salatsauce* vermischen.

3. Die *Karotten-* und *Sellerieraspel* und die *Rosinen* in die Salatschüssel geben und gut mit der *Salatsauce* vermengen.

4. Den fertigen *Karotten-Sellerie-Salat* noch etwas durchziehen lassen, auf einem Salatteller anrichten und servieren.

Nr. 11   ca. 45 Min.

Zucchinisalat

Zucchini	1 Stück
Zwiebeln	1 Stück
Pflanzenöl	2 EL
Essig	1-2 EL
Salz	
Pfeffer	
Paprikapulver	
E 4 g K 8 g F 15 g	773 kJ / 185 kcal

1. Die *Zucchini* waschen und die Enden abschneiden. Die *Zucchini* der Länge nach halbieren und die *Zucchinihälften* in dünne Scheiben schneiden. Die *Zwiebel* waschen, halbieren und in feine Würfel schneiden.

2. Ca. 1 EL *Pflanzenöl* in einer Pfanne erhitzen. Die *Zucchinischeiben* und die *Zwiebelwürfel* hinzufügen und bei mittlerer Hitze in ca. 10 Minuten dünsten.

3. Das *Zucchini-Zwiebel-Gemüse* mit etwas *Pfeffer*, *Paprikapulver* und *Salz* würzen und vom Herd nehmen.

4. Das *Zucchini-Zwiebel-Gemüse* in eine Schüssel geben, je ca. 1 EL *Essig* und *Pflanzenöl* hinzufügen und vorsichtig vermengen. Den *Zucchinisalat* mindestens 30 Minuten durchziehen lassen.

5. Den *Zucchinisalat* erneut mit *Essig* und *Salz* abschmecken, auf einen Salatteller geben und servieren.

Nr. 12   ca. 20 Min.

Paprikasalat

Paprika	1 Stück
Zwiebeln	1/2 Stück
Essig	1 EL
Kräuterfrischkäse	1 EL
Zucker	1 Prise
Salz	
Pfeffer	
Oregano	
E 4 g K 17 g F 5 g	568 kJ / 136 kcal

1. Die halbe *Zwiebel* schälen und in kleine Würfel schneiden. Die *Paprika* waschen, aufschneiden, das Kerngehäuse entfernen und in feine Streifen schneiden.

2. Den *Kräuterfrischkäse*, den *Essig*, je etwas *Pfeffer*, *Oregano* und *Salz* sowie eine Prise *Zucker* in eine Schüssel geben und alles zu einer *Salatsauce* verrühren.

3. Die *Paprikastreifen* und die *Zwiebelwürfel* in die *Salatsauce* geben, gut vermengen und ca. 10 Minuten durchziehen lassen.

4. Den fertigen *Paprikasalat* auf einem Salatteller anrichten und servieren.

Brotaufstriche

Nr. 1   ca. 5 Min.

Curryaufstrich

Magerquark	100 g
Mayonnaise	1 EL
Tomatenmark	2 TL
Essig	1 TL

Salz
Curry

E 13 g K 7 g F 15g   912 kJ / 218 kcal

1. Den *Magerquark*, die *Mayonnaise* und das *Tomatenmark* in eine Schüssel geben und glatt rühren.

2. Ca. 1/2 TL *Curry*, etwas *Essig* und *Salz* hinzufügen und alles nochmals gut vermengen.

Nr. 2   ca. 20 Min.

Herzhafter Speckaufstrich

Schinkenspeck (gewürfelt)	100 g
Zwiebeln	1 Stück
Magerquark	80 g
Senf	1 TL

Salz
Pfeffer

E 31 g K 8 g F 13g   1136 kJ / 271 kcal

1. Die *Zwiebel* schälen und in kleine Würfel schneiden. Die *Speckwürfel* ebenfalls etwas kleiner schneiden.

2. Eine Pfanne erhitzen. Die *Speck- und Zwiebelwürfel* in die Pfanne geben und goldgelb braten.

3. Den *Magerquark* und den *Senf* in eine Schüssel geben und glatt rühren.

4. Die gebratenen *Speck-* und *Zwiebelwürfel* unter die *Quark-Senf-Masse* rühren und mit etwas *Pfeffer* und *Salz* abschmecken.

Nr. 3   ca. 10 Min.

Thunfischpaste

Thunfisch	1/2 Dose (ca. 75 g)
Zwiebeln	1/2 Stück
Essiggurken	2 Stück
Kräuterfrischkäse	30 g
Mayonnaise	1/2 EL

Salz
Pfeffer

E 22 g K 6 g F 15 g   1046 kJ / 250 kcal

1. Den *Thunfisch* aus der Dose nehmen und gut abtropfen lassen. Den *Thunfisch* in eine Schüssel geben und gut zerpflücken.

2. Die *Zwiebel* schälen und in sehr kleine Würfel schneiden. Die *Essiggurken* ebenfalls in sehr kleine Würfel schneiden.

3. Die *Zwiebel-* und *Essiggurkenwürfel*, den *Kräuterfrischkäse* und die *Mayonnaise* zu der *Thunfischmasse* geben, alles gut vermengen und mit etwas *Pfeffer* und *Salz* würzen.

Nr. 4   8 Std. + ca. 45 Min.

Linsenpaste

Linsen	25 g
Zwiebeln	1 Stück
Pflanzenöl	1 EL
Senf	1 TL
Essig	1 TL
Salz	
Pfeffer	

E 7 g   K 15 g   F 7 g   642 kJ / 153 kcal

> *Pfandinsky erklärt*: Nicht alle Linsensorten erfordern ein Einweichen über Nacht – in diesem Fall direkt mit Schritt (3) beginnen. Die Garungszeiten können je nach Sorte ebenfalls beträchtlich variieren, daher unbedingt auch die Packungsanleitung beachten.

1. Die *Linsen* in eine Schüssel geben, gut mit *Wasser* bedecken und über Nacht einweichen.

2. Das *Einweichwasser* der *Linsen* abgießen.

3. Ca. 200 ml *Wasser* in einem Topf zum Kochen bringen. Die *Linsen* in das heiße *Wasser* geben und bei geringer Hitze in ca. 30 Minuten gar kochen.

. . . .

Währenddessen:

4. Die *Zwiebel* schälen und in kleine Würfel schneiden.

5. Etwas *Pflanzenöl* in einer Pfanne erhitzen. Die *Zwiebelwürfel* hinzufügen und bei mittlerer Hitze goldbraun dünsten. Danach beiseite stellen.

. . . .

6. Wenn die *Linsen* gar sind, das *Kochwasser* abgießen, die *Linsen* kurz mit kaltem *Wasser* übergießen, abtropfen lassen und in eine Schüssel geben.

7. Die *Zwiebelwürfel* und den *Senf* zu den *Linsen* geben und alles mit einem Mixstab fein pürieren.

8. Den *Linsenaufstrich* mit etwas *Salz*, *Pfeffer* und *Essig* würzen und nochmals gut vermengen.

Nr. 5   ca. 10 Min.

Karotten-Quark-Aufstrich

Karotten	2 Stück
Magerquark	100 g
Pflanzenöl	1 EL
Essig	1 TL
Zucker	1 Prise
Salz	
Pfeffer	
Paprikapulver	

E 14 g   K 19 g   F 7 g   822 kJ / 196 kcal

1. Die *Karotten* schälen und mit einer Reibe fein reiben oder in sehr kleine Stückchen schneiden.

2. Die geriebenen *Karotten*, den *Magerquark* und das *Pflanzenöl* in eine Schüssel geben und vermengen. Mit *Essig*, *Zucker*, *Paprikapulver*, *Pfeffer* und *Salz* würzen und erneut gut verrühren.

Nr. 6   ca. 10 Min.

Apfelaufstrich

Äpfel	1 Stück
Kräuterfrischkäse	60 g
Pfeffer	
Curry	

E 5 g K 19 g F 14 g   950 kJ / 227 kcal

1. Den *Apfel* waschen, vierteln und das Kerngehäuse entfernen. Den *Apfel* mit einer Reibe fein reiben oder in sehr kleine Stückchen schneiden. Den feingeriebenen *Apfel* in eine Schüssel geben.

2. Den *Kräuterfrischkäse* zu der *Apfel-Masse* geben und verrühren. Den *Apfelaufstrich* mit etwas *Curry* und *Pfeffer* würzen und nochmals verrühren.

Nr. 7   ca. 10 Min.

Paprika-Tomaten-Aufstrich

Paprika	1 Stück
Tomatenmark	1 EL
Kräuterfrischkäse	30 g
Magerquark	50 g
Salz	
Pfeffer	
Paprikapulver	

E 10 g K 13 g F 8 g   686 kJ / 164 kcal

1. Die *Paprika* waschen, aufschneiden, das Kerngehäuse entfernen und in sehr feine Würfel schneiden.

2. Den *Kräuterfrischkäse*, den *Magerquark* und das *Tomatenmark* in eine Schüssel geben und gut vermengen.

3. Die *Paprikawürfel* zu der *Käse-Quark-Tomatenmark-Masse* geben und mit etwas *Salz*, *Pfeffer* und *Paprikapulver* würzen. Den *Paprika-Tomaten-Aufstrich* nochmals gut vermengen.

Nr. 8   ca. 20 Min.

Gurkenaufstrich

Essiggurken	3 Stück
Eier	1 Stück
Magerquark	50 g
Mayonnaise	1 EL
Essig	1 TL
Salz	
Pfeffer	
Curry	

E 13 g K 7 g F 21 g   1125 kJ / 269 kcal

1. Das *Ei* in einen Topf geben und soviel *Wasser* hinzugeben, dass es bedeckt wird. Das *Ei* in ca. 10 Minuten hart kochen.

. . . .

Währenddessen:

2. Die *Essiggurken* in kleine Würfel schneiden.

. . . .

3. Das *Kochwasser* abgießen und das *Ei* mit kaltem Wasser abschrecken und abkühlen lassen.

4. Das *Ei* pellen und in kleine Würfel schneiden. Die *Eier-Würfel* und die *Essiggurken-Würfel* in eine Schüssel geben.

5. Den *Magerquark* und die *Mayonnaise* zu den *Eier-Gurken-Würfeln* geben und alles gut vermengen. Den *Gurkenaufstrich* mit etwas *Essig*, *Pfeffer*, *Curry* und *Salz* würzen und nochmals gut verrühren.

Nr. 9   ca. 20 Min.

Eier-Senfcreme

Eier	*1 Stück*
Magerquark	*50 g*
Mayonnaise	*1 EL*
Senf	*1-2 TL*
Essig	*1 TL*
Salz	
Pfeffer	

E 13 g K 4 g F 21 g   1085 kJ / 259 kcal

1. Das *Ei* in einen Topf geben und soviel *Wasser* hinzugeben, dass es bedeckt wird. Das *Ei* in ca. 10 Minuten hart kochen.

....

Währenddessen:

2. In einer Schüssel den *Magerquark*, die *Mayonnaise*, den *Senf*, den *Essig* und etwas *Salz* und *Pfeffer* gut verrühren.

....

3. Das *Kochwasser* abgießen und das *Ei* mit kaltem Wasser abschrecken und abkühlen lassen.

4. Das *Ei* pellen und in kleine Würfel schneiden. Die *Eier-Würfel* in die *Quark-Mayonnaise-Mischung* geben und alles gut vermischen.

Nr. 10   ca. 45 Min.

Kartoffelcreme

Kartoffeln	*100 g*
Magerquark	*50 g*
Kräuterfrischkäse	*30 g*
Salz	
Pfeffer	
Paprikapulver	

E 10 g K 18 g F 7 g   747 kJ / 178 kcal

1. Die *Kartoffeln* in einen Topf geben. Soviel *Wasser* hinzugeben, bis die *Kartoffeln* bedeckt sind und zugedeckt zum Kochen bringen. Eine Prise *Salz* hinzufügen. Die *Kartoffeln* bei geringer Hitze ca. 20-30 Minuten zugedeckt köcheln lassen, bis sie weich sind.

2. Das *Kochwasser* der *Kartoffeln* abgießen, pellen und mit einer Gabel vollständig zerdrücken. Die *Kartoffel-Masse* abkühlen lassen.

3. Den *Magerquark* und den *Kräuterfrischkäse* zu der abgekühlten *Kartoffel-Masse* geben und glatt rühren.

4. Die fertige *Kartoffelcreme* mit etwas *Salz*, *Pfeffer* und *Paprikapulver* würzen und erneut gut verrühren.

Suppen

Nr. 1 — ca. 30 Min.

Tomatensuppe

Tomaten	3 Stück
Tomatenmark	1 EL
Zwiebeln	1 Stück
Gemüsebrühe	1 TL (= 200 ml)
Toastbrot	2 Scheiben
Käse	2 Scheiben
Pflanzenöl	2 EL
Essig	1 TL
Zucker	1 Prise
Salz	
Pfeffer	

E 25 g K 72 g F 26 g   2662 kJ / 636 kcal

1. Die *Zwiebel* schälen und in kleine Würfel schneiden. Die *Tomaten* waschen, halbieren, den Strunk herausschneiden und ebenfalls in Würfel schneiden.

2. Etwas *Pflanzenöl* in einem Topf erhitzen. Zunächst die *Zwiebelwürfel* hinzugeben und andünsten, bis sie beginnen glasig zu werden. Anschließend die *Tomatenwürfel* hinzufügen (ggf. vorher abtropfen lassen) und ca. 2-3 Minuten mitdünsten.

3. Ca. 200 ml *Wasser* zu dem *Tomaten-Zwiebel-Gemüse* geben. Das *Brühepulver* und das *Tomatenmark* einrühren und die so hergestellte *Suppe* ca. 15 Minuten köcheln lassen.

Währenddessen:

4. Das *Toastbrot* in ca. 1 cm große Würfel schneiden. Den *Käse* ebenfalls in kleine Würfel schneiden.

5. Ca. 1 EL *Pflanzenöl* in einer Pfanne erhitzen, die *Toastbrotwürfel* hinzugeben und kross anrösten.

6. Die Pfanne vom Herd nehmen, und die *Käsewürfel* zu den noch heißen *Toastbrotwürfeln* geben. Gut vermengen, so dass die *Käsewürfel* leicht schmelzen.

7. Die *Suppe* mit einem Mixstab pürieren und durch ein Sieb streichen, um die Tomatenschalen und -kerne zu entfernen.

8. Die *Suppe* nochmals kurz erhitzen und mit etwas *Salz, Pfeffer* und *Essig* abschmecken.

9. Die fertige *Tomatensuppe* in eine Suppenschale schöpfen, die *Käse-Toastbrot-Würfel* darüber geben und servieren.

Nr. 2 — ca. 15 Min.

Haferflockensuppe

Haferflocken	70 g
Gemüsebrühe	2 1/2 TL (= 500 ml)
Zwiebeln	1 Stück
Karotten	1 Stück
Pflanzenöl	4 EL

E 12 g K 50 g F 30 g   2202 kJ / 526 kcal

1. Die *Zwiebel* schälen und in kleine Würfel schneiden. Die *Karotte* ebenfalls schälen und fein raspeln.

2. Das *Pflanzenöl* in einem Topf erhitzen. Die *Zwiebelwürfel* darin glasig dünsten. Die *Haferflocken* hinzufügen und so lange rösten, bis sie leicht bräunlich sind.

3. Ca. 500 ml *Wasser* zu den *Hafer-flocken* geben und das *Brühepulver* einrühren. Die geraspelten *Karotten* hinzugeben.

4. Die so hergestellte *Suppe* ca. 5-10 Minuten köcheln lassen, bis sie etwas eingedickt ist und die *Karotten* weich sind.

5. Die fertige *Haferflockensuppe* in eine Suppenschale füllen und servieren.

Nr. 3	ca. 30 Min.

Zucchinisuppe

Zucchini	*1 Stück*
Äpfel	*1/2 Stück*
Zwiebeln	*1 Stück*
Gemüsebrühe	*2 TL (= 400 ml)*
Zitronensaft	*1 TL*
Reis	*50 g*
Sahne (süß)	*50 g*
Pflanzenöl	*1 EL*
Salz	
Pfeffer	
Curry	

Ⓔ 9 g Ⓚ 57 g Ⓕ 23 g   1984 kJ / 474 kcal

1. Die *Zwiebel* und den halben *Apfel* (Kerngehäuse entfernen) schälen und in kleine Würfel schneiden. Die *Zucchini* waschen, die Enden abschneiden und ebenfalls in Würfel schneiden.

2. Ca. 200 ml *Wasser* in einem Topf zum Kochen bringen. Eine Prise *Salz* hinzufügen. Den *Reis* in das kochende *Wasser* geben und ca. 12-15 Minuten bei schwacher Hitze kochen lassen. (Die Kochzeit kann je nach Reissorte variieren, daher bitte Packungsanleitung beachten.)

....
Währenddessen:

3. Ca. 1 EL *Pflanzenöl* in einem Topf erhitzen. Zunächst die *Zwiebelwürfel* hinzugeben und andünsten, bis sie beginnen glasig zu werden. Anschließend die *Apfel-* und *Zucchiniwürfel* hinzufügen, ca. 1/2 TL Currypulver darüber streuen und unter gelegentlichem Wenden ca. 5 Minuten dünsten.

4. Ca. 400 ml *Wasser* zu dem *Apfel-Zucchini-Gemüse* gießen, zum Kochen bringen und das *Brühepulver* darin auflösen. Bei geringer Hitze ca. 10 Minuten köcheln lassen.

....

5. Ist der *Reis* fertiggekocht, das *Kochwasser* abgießen.

6. Das *Apfel-Zucchini-Gemüse* mit einem Pürierstab pürieren. Den gekochten *Reis* und die *Sahne* hinzugeben und die *Zucchinisuppe* nochmals kurz erhitzen.

7. Die fertige *Zucchinisuppe* mit *Salz*, *Pfeffer* und *Zitronensaft* abschmecken, in eine Suppenschale schöpfen und servieren.

Nr. 4 — ca. 60 Min.

Selleriesuppe

Sellerie (Knolle)	300 g
Mehl	1 EL
Pflanzenöl	4 EL
Gemüsebrühe	2 1/2 TL (= 500 ml)
Sahne (süß)	50 g
Essig	1 TL
Brot	2 Scheiben
Salz	

E 15 g K 87 g F 41 g   3109 kJ / 743 kcal

1. Die Sellerieknolle waschen, schälen und in kleine Würfel schneiden.

2. Ca. 2 EL Pflanzenöl in einem Topf erhitzen. Die Selleriewürfel hinzugeben und ca. 10 Minuten andünsten.

3. Das Mehl über die angedünsteten Selleriewürfel stäuben und unter ständigem Wenden anschwitzen.

4. Ca. 500 ml Wasser hinzugießen und das Brühepulver einrühren. Alles zum Kochen bringen und bei geringer Hitze abgedeckt ca. 30 Minuten köcheln lassen.

....
Währenddessen:

5. Das Brot in Würfel schneiden.

6. Ca. 2 EL Pflanzenöl in einer Pfanne erhitzen. Die Brotwürfel hinzugeben und knusprig anrösten.

....

7. Die Suppe pürieren. Danach die Sahne und etwas Essig hinzugeben und nochmals kurz aufkochen lassen.

8. Die fertige Selleriesuppe mit Salz abschmecken, in einen Suppenteller schöpfen, die gerösteten Brotwürfel darüber streuen und servieren.

Nr. 5 — ca. 30 Min.

Karottensuppe

Karotten	3 Stück
Kartoffeln	100 g
Zwiebeln	1 Stück
Gemüsebrühe	2 1/2 TL (= 500 ml)
Pflanzenöl	4 EL
Brot	2 Scheiben
Salz	
Curry	

E 13 g K 86 g F 26g   2682 kJ / 641 kcal

1. Die Karotten und die Kartoffeln waschen, schälen und in Würfel schneiden. Die Zwiebel ebenfalls schälen und in kleine Würfel schneiden.

2. Ca. 2 EL Pflanzenöl in einem Topf erhitzen. Zunächst die Zwiebelwürfel hinzugeben und glasig dünsten. Dann die Karotten- und Kartoffelwürfel hinzugeben und ca. 3 Minuten mitdünsten; dabei regelmäßig umwenden.

3. Eine Prise Salz und 2-3 Prisen Curry hinzugeben und weitere 3 Minuten dünsten.

4. Ca. 500 ml Wasser hinzugießen und das Brühepulver einrühren. Alles zum Kochen bringen und bei geringer Hitze abgedeckt ca. 15-20 Minuten köcheln lassen.

. . . .

Währenddessen:

5. Das *Brot* in Würfel schneiden.

6. Ca. 2 EL *Pflanzenöl* in einer Pfanne erhitzen. Die *Brotwürfel* hinzugeben und knusprig anrösten.

. . . .

7. Die *Suppe* pürieren und mit etwas *Salz* und *Curry* abschmecken.

8. Die fertige *Karottensuppe* in einen Suppenteller schöpfen, die gerösteten *Brotwürfel* darüber streuen und servieren.

. . . .

Währenddessen:

4. Ca. 500 ml *Wasser* zum Kochen bringen und damit die *Gemüsebrühe* aufgießen.

. . . .

5. Die *Brotwürfel* in der Suppenschüssel mit der heißen *Brühe* übergießen und die gerösteten *Zwiebelringe* darauf geben.

6. Die fertige *Brotsuppe* nach Belieben mit *Muskatnuss* und *Salz* würzen und servieren.

Nr. 6   ca. 15 Min.

Brotsuppe

Brot (alt)	ca. 100 g
Zwiebeln	1 Stück
Gemüsebrühe	2 1/2 TL (= 500 ml)
Pflanzenöl	3 EL

Salz
Muskatnuss

E 8 g K 56 g F 19 g   1734 kJ / 414 kcal

1. Die *Zwiebel* schälen und in Ringe schneiden. Die *Brotreste* in mundgerechte Würfel schneiden.

2. Ca. 2 EL *Pflanzenöl* in einer Pfanne erhitzen und die *Brotwürfel* darin knusprig anrösten. Die fertig gerösteten *Brotwürfel* in eine Suppenschüssel geben.

3. Erneut 1 EL *Pflanzenöl* in der Pfanne erhitzen und die *Zwiebelringe* darin knusprig braun rösten.

Nr. 7   ca. 5 Min.

Flädlesuppe

Pfannkuchen	2 Stück
Gemüsebrühe	2 1/2 TL (= 500 ml)

E 17 g K 54 g F 23 g   2041 kJ / 487 kcal

Pfandinsky erklärt: Das Rezept für *Pfannkuchen* finden Sie auf S. 127.

---

1. Die *Pfannkuchen* in dünne Streifen schneiden.

2. Ca. 500 ml *Wasser* in einem Topf zum Kochen bringen und damit die *Gemüsebrühe* aufgießen.

3. Die *Pfannkuchenstreifen* in die heiße *Brühe* geben und kurz ziehen lassen.

4. Die fertige *Flädlesuppe* in eine Suppenschüssel schöpfen und heiß servieren.

Nr. 8　　ca. 30 Min.

Spinatsuppe

Rahmspinat (tiefgekühlt)	200 g
Gemüsebrühe	1 1/4 TL (= 250 ml)
Eier	1 Stück
Mehl	1 TL
Milch	150 ml
Pflanzenöl	1 EL
Brot	1 Scheibe

Salz
Pfeffer
Muskatnuss

E 20 g　K 44 g　F 24 g　　1984 kJ / 474 kcal

1. Den *Rahmspinat* in einen Topf geben. Ca. 200 ml *Wasser* hinzugießen und das *Brühepulver* einrühren. Den *Rahmspinat* bei mittlerer Hitze und bei geschlossenem Deckel auftauen lassen.

....

Währenddessen:

2. Das *Brot* in kleine Würfel schneiden. Etwas *Pflanzenöl* in einer Pfanne erhitzen. Die *Brotwürfel* hinzugeben und unter Wenden goldbraun rösten.

3. Das *Ei* in einen Topf geben und so viel *Wasser* hinzugießen, dass das *Ei* mit *Wasser* bedeckt ist. Das *Wasser* zum Kochen bringen und das *Ei* in ca. 10 Minuten hart kochen.

4. Ist das *Ei* hart gekocht, das *Kochwasser* abgießen und das *Ei* mit kaltem Wasser kurz abschrecken. Das *Ei* schälen und in Scheiben schneiden.

....

5. Das *Mehl* in eine Tasse geben und mit etwas *Milch* glatt rühren.

6. Das angerührte *Mehl* und die restliche *Milch* zu dem *Rahmspinat* geben. Diese *Spinatsuppe* ca. 5 Minuten ohne Deckel köcheln lassen.

7. Die *Spinatsuppe* mit *Pfeffer*, *Muskatnuss* und *Salz* abschmecken.

8. Die *Spinatsuppe* in eine Suppenschale schöpfen. Die gerösteten *Brotwürfel* und die *Eierscheiben* darauf geben und servieren.

Nr. 9　　ca. 30 Min.

Rote-Beete-Suppe

Pflanzenöl	3 EL
Sahne (süß)	50 g
Rote Beete (Scheiben, gekocht)	300 g
Zwiebeln	1 Stück
Gemüsebrühe	2 1/2 TL (= 500 ml)
Essig	1 EL
Brötchen	1 Stück

Salz

E 8 g　K 56 g　F 36 g　　2485 kJ / 594 kcal

1. Die *Zwiebel* schälen und in kleine Würfel schneiden. Das *Brötchen* in grobe Würfel schneiden.

2. Etwas *Pflanzenöl* in einem Topf erhitzen. Zunächst die *Zwiebelwürfel* hinzugeben und andünsten, bis sie beginnen glasig zu werden. Anschließend die *Rote-Beete-Scheiben* hinzufügen (ggf. vorher abtropfen lassen) und kurz mitdünsten.

....

Währenddessen:

3. Ca. 500 ml *Wasser* zum Kochen bringen und die *Gemüsebrühe* aufgießen.

....

4. Die *Brühe* zu dem *Zwiebel-Rote-Beete-Gemüse* geben, kurz aufkochen lassen und mit *Essig* und *Salz* abschmecken.

5. Anschließend die *Sahne* einrühren. Die fertige *Suppe* nochmals gut erwärmen und warm halten, aber nicht kochen.

6. Ca. 2 EL *Pflanzenöl* in einer Pfanne erhitzen, die *Brötchen-Würfel* hinzufügen. Unter gelegentlichem Wenden goldbraun rösten.

7. Die *Suppe* in eine Suppenschale schöpfen, die gerösteten *Brötchen-Würfel* darauf geben und servieren.

Nr. 10 ca. 30 Min.

Grießklößchensuppe

Hartweizengrieß	*60 g*
Pflanzenöl	*1 EL*
Milch	*200 ml*
Karotten	*2 Stück*
Zwiebeln	*1 Stück*
Gemüsebrühe	*2 1/2 TL (= 500 ml)*
Salz	

E 17 g K 65 g F 14 g   1924 kJ / 460 kcal

1. Die *Milch* in einem Topf zum Kochen bringen. Den *Grieß* unter ständigem Rühren in die *Milch* geben. Bei geringer Hitze ca. 5 Minuten weiterrühren, bis das Gemisch zu einem Brei eindickt. Den fertigen *Grießbrei* dann auskühlen lassen.

2. Die *Zwiebel* schälen und in kleine Würfel schneiden. Die *Karotten* ebenfalls schälen, der Länge nach halbieren und in dünne Scheiben schneiden.

3. Etwas *Pflanzenöl* in einem Topf erhitzen. Zunächst die *Zwiebelwürfel* hinzugeben und andünsten, bis sie beginnen glasig zu werden.

4. Die *Karottenscheiben* zu den angedünsteten *Zwiebelwürfeln* geben und unter gelegentlichem Wenden ca. 5 Minuten dünsten. Dann das *Zwiebel-Karottengemüse* vom Herd nehmen.

5. Zwei Teelöffel in heißes Wasser tauchen und durch Zusammendrücken der Löffelinnenseiten aus dem *Grießbrei* Klößchen formen.

6. Die *Suppenbrühe* mit ca. 500 ml heißem Wasser aufgießen und zu dem *Zwiebel-Karottengemüse* hinzugeben. Die so erzeugte *Gemüsebrühe* ca. 5 Minuten köcheln lassen.

7. Die *Grießklößchen* zur *Gemüsebrühe* hinzufügen und 5 Minuten leicht ziehen lassen. (Das Wasser soll sich leicht bewegen, aber nicht kochen.)

8. Die fertige *Grießklößchensuppe* in eine Schale abschöpfen und servieren.

Nr. 11   ca. 45 Min.

Sauerkrautsuppe

Sauerkraut (gegart)	200 g
Karotten	1 Stück
Zwiebeln	1 Stück
Kräuterfrischkäse	30 g
Gemüsebrühe	2 TL (= 400 ml)
Pflanzenöl	2 EL
Brot	1 Scheibe

Salz
Pfeffer
Paprikapulver

E 11 g K 37 g F 21 g   1636 kJ / 391 kcal

1. Die *Zwiebel* und die *Karotte* jeweils schälen und in kleine Würfel schneiden. Das *Brot* in Würfel schneiden.

2. Etwas *Pflanzenöl* in einem Topf erhitzen. Zunächst die *Zwiebelwürfel* hinzugeben und andünsten, bis sie glasig werden. Anschließend die *Karottenwürfel* und das *Sauerkraut* hinzufügen und unter gelegentlichem Wenden ca. 5 Minuten dünsten.

3. Diese *Gemüse-Mischung* mit ca. 400 ml *Wasser* ablöschen und das *Brühepulver* einrühren. Die so hergestellte *Suppe* zugedeckt bei geringer Hitze ca. 20 Minuten köcheln lassen.

....

Währenddessen:

4. Etwas *Pflanzenöl* in einer Pfanne erhitzen. Die *Brotwürfel* hinzugeben und knusprig anrösten.

....

5. Den *Kräuterfrischkäse* in die *Suppe* einrühren, mit etwas *Salz*, *Pfeffer* und *Paprikapulver* würzen und nochmals kurz aufkochen lassen.

6. Die fertige *Sauerkrautsuppe* in eine Suppenschale schöpfen, die gerösteten *Brotwürfel* darauf geben und servieren.

Nr. 12   ca. 20 Min.

Erbsensuppe

Erbsen (tiefgekühlt)	150 g
Zwiebeln	1 Stück
Gemüsebrühe	2 1/2 TL (= 500 ml)
Kräuterfrischkäse	50 g
Pflanzenöl	1 EL
Brot	1 Scheibe

Salz

E 16 g K 45 g F 19 g   1743 kJ / 416 kcal

1. Die *Zwiebel* schälen und in kleine Würfel schneiden.

2. Etwas *Pflanzenöl* in einem Topf erhitzen. Die *Zwiebelwürfel* hinzugeben und andünsten, bis sie beginnen glasig zu werden. Anschließend die *Erbsen* hinzufügen und kurz mitdünsten.

3. Ca. 500 ml *Wasser* zu den *Erbsen* gießen, das *Brühepulver* einrühren und ca. 5 Minuten bei geringer Hitze köcheln lassen.

4. Die *Erbsensuppe* mit einem Pürierstab fein pürieren.

5. Den *Kräuterfrischkäse* unter die *Erbsensuppe* rühren und nochmals kurz erhitzen. Die *Erbsensuppe* mit *Salz* abschmecken und in einer Suppenschale zusammen mit dem *Brot* servieren.

Nr. 13   ca. 45 Min.

Zwiebelsuppe

Zwiebeln	2 Stück
Pflanzenöl	2 EL
Mehl	1 TL
Gemüsebrühe	2 TL (= 400 ml)
Käse	50 g
Brot	1 Scheibe
Salz	
Pfeffer	

E 19 g K 37 g F 25 g   1900 kJ / 454 kcal

1. Die *Zwiebeln* schälen und in dünne Scheiben schneiden.

2. Ca. 1 EL *Pflanzenöl* in einem Topf erhitzen. Die *Zwiebelscheiben* hinzugeben und andünsten, bis sie goldgelb sind.

3. Das *Mehl* über die *Zwiebelscheiben* streuen und weiter dünsten, bis das *Mehl* leicht gebräunt ist.

4. Ca. 400 ml *Wasser* zu den *Zwiebelscheiben* gießen und das *Brühepulver* einrühren. Diese *Zwiebelsuppe* bei geringer Hitze und mit geschlossenem Deckel ca. 20 Minuten leicht köcheln lassen.

. . . .
Währenddessen:

5. Das *Brot* in kleine Würfel schneiden. Den *Käse* in kleine Streifen schneiden.

6. Ca. 1 EL *Pflanzenöl* in einer Pfanne erhitzen. Die *Brotwürfel* hinzufügen und unter Wenden kross anbraten.

7. Die angebratenen *Brotwürfel* und die *Käsestreifen* abwechselnd in eine Suppenschale schichten, bis sie aufgebraucht sind.

. . . .

8. Die fertig gekochte *Zwiebelsuppe* mit *Salz* und *Pfeffer* abschmecken und in die Suppenschale mit den geschichteten *Brotwürfeln* und *Käsestreifen* gießen. Die fertige *Zwiebelsuppe* servieren.

Brote und Brötchen

Nr. 1   ca. 90 Min.

Burgerbrötchen *(8 Stück)*

Mehl	*800 g*
Milch	*450 ml*
Pflanzenöl	*100 ml*
Hefe (frisch)	*1 Würfel (40 g)*
Zucker	*40 g*
Salz	

E 100 g K 636 g F 115 g   16714 kJ / 3992 kcal

je Brötchen:

E 12 g K 80 g F 14 g   2089 kJ / 499 kcal

1. Die *Milch* in einem Topf auf Handtemperatur erwärmen (ca. 35°C) und warm stellen.

2. Ca. 150 ml der *Milch* in eine Tasse geben. Einen gehäuften Esslöffel des *Mehls* in die *Milch* einrühren und die *Hefe* unter langsamen Umrühren hineinbröckeln, so dass sie sich möglichst gleichmäßig auflöst.

3. Das übrige *Mehl*, den *Zucker* und ca. 1/3 TL *Salz* in eine Schüssel geben und gut vermengen. In der Mitte des *Mehls* eine Mulde formen und den zuvor hergestellten *Hefe-Ansatz* hineingießen. Etwas *Mehl* von den Rändern der Mulde über den *Hefe-Ansatz* streuen, so dass dieser leicht bedeckt wird.

4. Die Schüssel mit einem Leinentuch oder Cellophan locker zudecken und für ca. 20 Minuten an einen warmen Ort stellen, bis eine Vergrößerung des *Hefe-Ansatzes* sichtbar ist.

5. Ca. 250 ml der warm gestellten *Milch* (ein Rest von 50 ml wird später noch benötigt) und das *Pflanzenöl* in die Schüssel geben und die Masse gut durchkneten, so dass ein glatter, reißend fallender *Teig* entsteht.

6. Die Schüssel erneut locker zudecken und für weitere 20-30 Minuten an einen warmen Ort stellen, bis eine Vergrößerung des *Teiges* sichtbar ist.

7. Den Backofen auf 180°C Umluft vorheizen.

....

Währenddessen:

8. Den *Teig* in 8 gleich große Portionen teilen und ca. 1 cm hohe, runde *Brötchen* daraus formen.

9. Ein Backblech mit Backpapier belegen und die *Brötchen* mit ausreichend Abstand auf das Backpapier legen, abdecken und nochmals 5-10 Minuten gehen lassen.

10. Die *Brötchen* mit der Hälfte der restlichen *Milch* bestreichen.

....

11. Das Backblech mit den *Brötchen* auf mittlerer Höhe in den vorgeheizten Backofen schieben und 10 Minuten backen.

12. Das Backblech entnehmen und die *Brötchen* nochmals mit der restlichen *Milch* bestreichen und danach weitere 10 Minuten backen.

13. Die fertigen *Brötchen* vom Backblech nehmen, auf einen Kuchenrost legen und erkalten lassen.

Nr. 2   ca. 140 Min.

Weißbrot

Mehl	550 g
Milch	150 ml
Hefe (frisch)	1/2 Würfel (20 g)
Zucker	1/2 TL
Pflanzenöl	1 EL
Salz	

E 63 g K 407 g F 17 g   8543 kJ / 2040 kcal

1. Ca. 100 ml *Wasser* in einem Topf auf Handtemperatur erwärmen (ca. 35°C) und in eine Tasse geben.

2. Einen gehäuften Esslöffel des *Mehls* in das *Wasser* einrühren und die *Hefe* unter langsamen Umrühren hineinbröckeln, so dass sie sich möglichst gleichmäßig auflöst.

3. Den Großteil des übrigen *Mehls* - bis auf einen Esslöffel - und ca. 1/3 TL *Salz* in eine Schüssel geben und vermengen. In der Mitte des *Mehls* eine Mulde formen und den zuvor hergestellten *Hefe-Ansatz* hineingießen. Etwas *Mehl* von den Rändern der Mulde über den *Hefe-Ansatz* streuen, so dass dieser leicht bedeckt wird.

4. Die Schüssel mit einem Leinentuch oder Cellophan locker zudecken und für ca. 20 Minuten an einen warmen Ort stellen, bis eine Vergrößerung des *Hefe-Ansatzes* sichtbar ist.

5. Die *Milch* in einem Topf auf Handtemperatur erwärmen (ca. 35°C) und in die Schüssel mit dem *Hefe-Ansatz* und dem *Mehl* gießen. Die Mischung gut durchkneten, so dass ein glatter, reißend fallender *Teig* entsteht.

6. Die Schüssel erneut locker zudecken und für weitere 20-30 Minuten an einen warmen Ort stellen, bis eine Vergrößerung des *Teiges* sichtbar ist.

7. Eine Kastenform mit etwas *Pflanzenöl* einfetten und und das restliche *Mehl* gleichmäßig dünn darüber streuen. Den *Teig* nochmals durchkneten und in die Kastenform füllen. Den *Teig* erneut locker zudecken und für weitere 15 Minuten an einen warmen Ort stellen.

. . . .
Währenddessen:

8. Den Backofen auf 160°C Umluft vorheizen.

. . . .

9. Den *Teig* in der Kastenform mit etwas *Wasser* bestreichen, im unteren Drittel in den Backofen schieben und ca. 45 Minuten backen.

10. Das fertig gebackene *Weißbrot* aus dem Backofen nehmen, aus der Form lösen und auf einem Kuchenrost o.ä. erkalten lassen.

Nr. 3   ca. 140 Min.

Kartoffelbrot

Mehl	500 g
Kartoffeln	300 g
Hefe (frisch)	1 Würfel (40 g)
Zucker	1/2 TL
Pflanzenöl	4 EL
Eier	1 Stück
Salz	

E 65 g K 408 g F 48 g   9783 kJ / 2337 kcal

1. Die *Kartoffeln* waschen und in einen Topf geben. Soviel *Wasser* hinzugeben, dass die *Kartoffeln* knapp bedeckt sind. Eine Prise *Salz* hinzufügen und in ca. 30 Minuten gar kochen.

2. Sind die *Kartoffeln* gar, das *Kochwasser* abgießen, die *Kartoffeln* schälen und noch heiß mit einer Gabel o.ä. zu einem Brei zerdrücken.

3. Ca. 100 ml *Wasser* in einem Topf auf Handtemperatur erwärmen (ca. 35°C) und in eine Tasse geben.

4. Ca. 1-2 EL des *Mehls* in das *Wasser* einrühren und die *Hefe* unter langsamen Umrühren hineinbröckeln, so dass sie sich möglichst gleichmäßig auflöst.

5. Das übrige *Mehl* und ca. 1/3 TL *Salz* in eine Schüssel geben und vermengen. In der Mitte des *Mehls* eine Mulde formen und den zuvor hergestellten *Hefe-Ansatz* hineingießen. Etwas *Mehl* von den Rändern der Mulde über den *Hefe-Ansatz* streuen, so dass dieser leicht bedeckt wird.

6. Die Schüssel mit einem Leinentuch oder Cellophan locker zudecken und für ca. 20 Minuten an einen warmen Ort stellen, bis eine Vergrößerung des *Hefe-Ansatzes* sichtbar ist.

7. Das *Ei*, den *Kartoffelbrei* und das *Pflanzenöl* in die Schüssel mit dem *Hefe-Ansatz* geben und die Masse gut durchkneten, so dass ein glatter, reißend fallender *Teig* entsteht.

8. Die Schüssel erneut locker zudecken und für weitere 20-30 Minuten an einen warmen Ort stellen, bis eine Vergrößerung des *Teiges* sichtbar ist.

9. Ein Backblech mit Backpapier auslegen. Den *Teig* nochmals kurz durchkneten, zu einem *Laib* formen, auf das Backblech legen und nochmals einige Minuten ruhen lassen.

....

Währenddessen:

10. Den Backofen auf 180°C Umluft vorheizen.

....

11. Die Oberfläche des *Teiges* je nach Wunsch mit einem Messer ca. 1 cm tief einritzen und mit etwas *Wasser* bestreichen. Das Backblech auf mittlerer Höhe in den vorgeheizten Backofen schieben und 40-50 Minuten backen. Das *Brot* während des Backens 2-3 mal erneut mit etwas *Wasser* bestreichen.

12. Das fertig gebackene *Kartoffelbrot* aus dem Backofen nehmen und auf einem Kuchenrost o.ä. erkalten lassen.

Nr. 4   ca. 140 Min.

Karottenbrot

Mehl	500 g
Karotten	2 Stück
Haferflocken	100 g
Hefe (frisch)	1/2 Würfel (20 g)
Zucker	1 TL
Pflanzenöl	1 EL
Salz	

E 69 g K 433 g F 18 g   9213 kJ / 2200 kcal

1. Ca. 300 ml *Wasser* in einem Topf auf Handtemperatur erwärmen (ca. 35°C) und warm stellen.

2. Ca. 100 ml des *Wassers* in eine Tasse geben. Ca. 1-2 EL des *Mehls* in das *Wasser* einrühren und die *Hefe* unter langsamen Umrühren hineinbröckeln, so dass sie sich möglichst gleichmäßig auflöst.

3. Den Großteil des übrigen *Mehls* – bis auf einen Esslöffel – , die *Haferflocken*, den *Zucker* und ca. 1/3 TL *Salz* in eine Schüssel geben und vermengen. In der Mitte der *Mehl-Haferflocken-Mischung* eine Mulde formen und den zuvor hergestellten *Hefe-Ansatz* hineingießen. Etwas von der *Mehl-Haferflocken-Mischung* von den Rändern der Mulde über den *Hefe-Ansatz* streuen, so dass dieser leicht bedeckt wird.

4. Die Schüssel mit einem Leinentuch oder Cellophan locker zudecken und für ca. 20 Minuten an einen warmen Ort stellen, bis eine Vergrößerung des *Hefe-Ansatzes* sichtbar ist.

Währenddessen:

5. Die *Karotten* waschen, schälen und mit einer Reibe fein raspeln.

6. Die *Karottenraspel* und das restliche warm gestellte *Wasser* in die Schüssel mit dem *Hefe-Ansatz* geben. Die Masse gut durchkneten, so dass ein glatter, reißend fallender *Teig* entsteht.

7. Die Schüssel erneut locker zudecken und für weitere 20-30 Minuten an einen warmen Ort stellen, bis eine Vergrößerung des *Teiges* sichtbar ist.

8. Eine Kastenform mit etwas *Pflanzenöl* einfetten und und das restliche *Mehl* gleichmäßig dünn darüber streuen. Den *Teig* nochmals durchkneten und in die Kastenform füllen. Den *Teig* erneut locker zudecken und für weitere 15 Minuten an einen warmen Ort stellen.

Währenddessen:

9. Den Backofen auf 200°C Umluft vorheizen.

10. Die Oberfläche des *Teiges* mit einem Messer der Länge nach ca. 1 cm tief einritzen, auf mittlerer Höhe in den vorgeheizten Backofen schieben und 40-50 Minuten backen.

11. Das fertig gebackene *Karottenbrot* aus dem Backofen nehmen, aus der Form lösen und auf einem Kuchenrost o.ä. erkalten lassen.

Nr. 5   ca. 120 Min.

Hefezopf

Mehl	500 g
Sahne (süß)	200 g
Hefe (frisch)	1/2 Würfel (20 g)
Zucker	80 g
Eier	2 Stück
Milch	2 EL
Salz	

E 71 g K 447 g F 77 g   11601 kJ / 2771 kcal

1. Das *Wasser* in einem Topf auf Handtemperatur erwärmen (ca. 35°C) und in eine Tasse geben.

2. Ca. 1 EL des *Mehls* in das *Wasser* einrühren und die *Hefe* unter langsamen Umrühren hineinbröckeln, so dass sie sich möglichst gleichmäßig auflöst.

3. Das übrige *Mehl*, den *Zucker* und eine kleine Prise *Salz* in eine Schüssel geben und vermengen. In der Mitte des *Mehls* eine Mulde formen und den zuvor hergestellten *Hefe-Ansatz* hineingießen. Etwas *Mehl* von den Rändern der Mulde über den *Hefe-Ansatz* streuen, so dass dieser leicht bedeckt wird.

4. Die Schüssel mit einem Leinentuch oder Cellophan locker zudecken und für ca. 20 Minuten an einen warmen Ort stellen, bis eine Vergrößerung des *Hefe-Ansatzes* sichtbar ist.

5. Die *Sahne* in einem Topf auf Handtemperatur erwärmen (ca. 35°C). Die *Sahne* und die *Eier* in die Schüssel mit dem *Hefe-Ansatz* geben. Die Masse gut durchkneten, so dass ein glatter, reißend fallender *Teig* entsteht.

6. Die Schüssel erneut locker zudecken und für weitere 20-30 Minuten an einen warmen Ort stellen, bis eine Vergrößerung des *Teiges* sichtbar ist.

7. Den *Teig* erneut durchkneten und in drei gleich große Portionen teilen. Aus jeder *Teigportion* eine etwa 30 cm lange Rolle formen. Aus den Rollen einen *Hefeteig-Zopf* flechten.

8. Ein Backblech mit Backpapier belegen. Den *Hefeteig-Zopf* darauf geben und abgedeckt für weitere 15 Minuten an einen warmen Ort stellen.

· ·

Währenddessen:

9. Den Backofen auf 160°C Umluft vorheizen.

· ·

10. Den *Hefeteig-Zopf* mit der *Milch* bestreichen, auf mittlerer Höhe in den vorgeheizten Backofen schieben und ca. 30 Minuten backen.

11. Den fertig gebackenen *Hefezopf* aus dem Backofen nehmen und auf einem Kuchenrost o.ä. erkalten lassen.

Nr. 6   ca. 120 Min.

Haferbrötchen *(10 Stück)*

Mehl	*500 g*
Haferflocken	*100 g*
Zucker	*1 TL*
Hefe (frisch)	*1/2 Würfel (20 g)*
Salz	

E 67 g K 423 g F 12 g   8759 kJ / 2092 kcal

je Brötchen:

E 7 g K 42 g F 1 g   876 kJ / 209 kcal

1. Ca. 500 ml *Wasser* in einem Topf auf Handtemperatur erwärmen (ca. 35°C) und warm stellen.

2. Ca. 100 ml des erwärmten *Wassers* in eine Tasse geben. Ca. 1-2 EL des *Mehls* in das *Wasser* einrühren und die *Hefe* unter langsamen Umrühren hineinbröckeln, so dass sie sich möglichst gleichmäßig auflöst.

3. Das übrige *Mehl*, die *Haferflocken*, den *Zucker* und ca. 1/3 TL *Salz* in eine Schüssel geben und vermengen. In der Mitte der *Mehl-Haferflocken-Mischung* eine Mulde formen und den zuvor hergestellten *Hefe-Ansatz* hineingießen. Etwas von der *Mehl-Haferflocken-Mischung* von den Rändern der Mulde über den *Hefe-Ansatz* streuen, so dass dieser leicht bedeckt wird.

4. Die Schüssel mit einem Leinentuch oder Cellophan locker zudecken und für ca. 20 Minuten an einen warmen Ort stellen, bis eine Vergrößerung des *Hefe-Ansatzes* sichtbar ist.

5. Das restliche warm gestellte *Wasser* in die Schüssel mit dem *Hefe-Ansatz* geben und die Masse gut durchkneten, so dass ein glatter, reißend fallender *Teig* entsteht.

6. Die Schüssel erneut locker zudecken und für weitere 20-30 Minuten an einen warmen Ort stellen, bis eine Vergrößerung des *Teiges* sichtbar ist.

7. Ein Backblech mit Backpapier auslegen. Aus dem *Teig* ca. 10 *Brötchen* formen und auf das Backblech legen und nochmals einige Minuten ruhen lassen.

8. Ca. 150 ml *Wasser* fast bis zum Kochpunkt erhitzen und in eine hitzebeständige Tasse füllen. Die Tasse auf den Boden des Backofens stellen.

9. Das Backblech auf mittlerer Höhe in den (nicht vorgeheizten) Backofen schieben und für 30-35 Minuten bei 180°C Umluft backen. Die *Brötchen* während des Backens nochmals mit etwas *Wasser* bestreichen.

10. Die fertig gebackenen *Brötchen* aus dem Backofen nehmen und auf einem Kuchenrost o.ä. erkalten lassen.

Nr. 7   ca. 45 Min.

Buttermilchbrot

Mehl	450 g
Buttermilch	350 ml
Zucker	1 Prise
Backpulver	1 TL
Natron	1 TL
Salz	

E 59 g K 342 g F 8 g   7090 kJ / 1694 kcal

1. Ein Backblech mit Backpapier belegen. Den Backofen auf 220°C Ober-/Unterhitze vorheizen.

....

Währenddessen:

2. Das *Mehl* in eine Schüssel geben. Den *Zucker*, das *Backpulver*, das *Natron* und ca. 1/3 TL *Salz* hinzugeben und alles gut vermischen.

3. Die *Buttermilch* zu dem *Mehl* gießen, vermischen und zu einem *Teig* verkneten.

4. Den *Teig* zu einem *Brotlaib* formen. Den *Laib* auf das Backblech legen und mit einem Messer nach Belieben leicht einschneiden.

....

5. Den *Brotlaib* in den vorgeheizten Backofen schieben und für 15 Minuten bei 220°C backen.

6. Die Backtemperatur auf 190°C herunterregeln und den *Brotlaib* ca. 25 Minuten weiter backen.

7. Das fertig gebackene *Buttermilchbrot* aus dem Backofen nehmen und auf einem Kuchenrost o.ä. erkalten lassen.

Nr. 8   ca. 90 Min.

Bananenbrot

Mehl	300 g
Bananen (sehr reif)	3 Stück
Zucker	150 g
Buttermilch	100 ml
Eier	2 Stück
Pflanzenöl	90 ml
Natron	1 TL
Backpulver	1 TL
Salz	
Zimt	

E 52 g K 449 g F 99 g   12151 kJ / 2902 kcal

1. Die *Bananen* auf einem Teller mit einer Gabel gut zerdrücken.

2. Die zerdrückten *Bananen*, die *Eier*, die *Buttermilch*, 80 ml *Pflanzenöl*, den *Zucker* und eine Prise *Zimt* in eine Schüssel geben und gut verrühren.

3. In einer zweiten Schüssel das *Mehl* mit dem *Backpulver*, dem *Natron* und einer Prise *Salz* gut vermischen.

4. Den Backofen auf 160°C Umluft vorheizen.

....

Währenddessen:

5. Eine Kastenform mit etwas *Pflanzenöl* einfetten.

6. Die *Bananen-Mischung* zu der *Mehl-Mischung* gießen und zu einem *Teig* verrühren. Dabei dürfen kleinere Klumpen im *Teig* verbleiben.

7. Den *Teig* in die eingefettete Kastenform geben.

....

8. Die gefüllte *Kastenform* auf mittlerer Höhe in den vorgeheizten Backofen schieben und ca. 50 Minuten backen.

9. Das fertige gebackene *Bananenbrot* aus dem Ofen holen und noch ca. 10 Minuten in der Form stehen lassen, dann aus der Form lösen und auf einem Kuchenrost o.ä. erkalten lassen.

Nr. 9   ca. 60 Min.

Apfelmuffins *(12 Stück)*

Mehl	*200 g*
Haferflocken	*50 g*
Backpulver	*2 TL*
Natron	*1/4 TL*
Pflanzenöl	*80 ml*
Buttermilch	*250 ml*
Zucker	*100 g*
Eier	*1 Stück*
Äpfel	*2 Stück*
Salz	
Muskatnuss	
Zimt	

Außerdem: 12 Papier-Backförmchen

E 44 g K 318 g F 88 g	9465 kJ / 2261 kcal
je Muffin:	
E 4 g K 26 g F 7 g	789 kJ / 188 kcal

1. Die *Buttermilch*, das *Ei*, das *Pflanzenöl* und den *Zucker* in eine Schüssel geben und verrühren.

2. Die *Äpfel* waschen, entkernen und in feine Würfel schneiden. Die *Apfelwürfel* in die *Buttermilch-Ei-Mischung* rühren.

3. In einer zweiten Schüssel das *Mehl*, die *Haferflocken*, das *Backpulver*, das *Natron*, etwas *Zimt*, eine Prise *Muskatnuss* und eine Prise *Salz* gut vermengen.

4. Den Backofen auf 175°C Umluft vorheizen.

....

Währenddessen:

5. Die *Buttermilch-Ei-Mischung* zu der *Mehl-Mischung* gießen und zu einem *Teig* verrühren.

6. Die 12 Papier-Muffinbackförmchen auf ein Backblech legen und den *Teig* gleichmäßig auf die Backförmchen aufteilen.

....

7. Das Backblech mit den *Muffins* auf mittlerer Höhe in den vorgeheizten Backofen schieben und ca. 25 Minuten backen.

8. Die fertig gebackenen *Apfelmuffins* aus dem Backofen nehmen und auf einem Kuchenrost o.ä. vollständig erkalten lassen.

Nr. 10   ca. 30 Min.

Quarkbrötchen *(10 Stück)*

Mehl	300 g
Magerquark	150 g
Backpulver	1 Päckchen
Milch	70 ml
Pflanzenöl	70 ml
Zucker	1 Prise
Salz	

E 52 g K 230 g F 70 g   7384 kJ / 1764 kcal

je Brötchen:

E 5 g K 23 g F 7 g   738 kJ / 176 kcal

1. Das *Mehl* mit dem *Backpulver*, ca. 1/3 TL *Salz* und dem *Zucker* in einer Schüssel gut vermischen.

2. Den *Quark*, die *Milch* und das *Pflanzenöl* hinzugeben und alles zu einem glatten *Teig* verkneten. (Nicht zu lange kneten, da der Teig sonst klebrig wird.)

3. Den Backofen auf 170°C Umluft vorheizen.

. . . .

Währenddessen:

4. Ein Backblech mit Backpapier auslegen.

5. Den *Teig* in 10 Portionen teilen, zu *Brötchen* formen und auf das Backblech legen. Die *Brötchen* mit etwas *Wasser* bestreichen.

. . . .

6. Das Backblech auf mittlerer Höhe in den vorgeheizten Backofen schieben und ca. 20 Minuten backen.

7. Die fertig gebackenen *Quarkbrötchen* aus dem Backofen nehmen und auf einem Kuchenrost o.ä. vollständig erkalten lassen.

Anhang

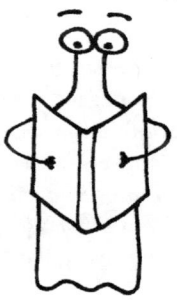

Lagerung und Haltbarkeit von Obst und Gemüse

Bei richtiger Lagerung bleibt Obst und Gemüse länger frisch und schmackhaft. Fast immer ist eine dunkle und kühle Lagerung empfehlenswert. Der Kühlschrank ist hierbei jedoch nicht immer der beste Aufbewahrungsort. Außerdem sollte bei der Lagerung die Absonderung von Reifungsgas (Ethen) durch manches Obst und Gemüse berücksichtigt werden, welche Reifung und Verderb beschleunigen kann.

An dieser Stelle sind Tipps zur Lagerung und Haltbarkeit für das in *der Pfandsammler Küche* verwendete Obst und Gemüse aufgeführt.

Äpfel – *Möglichst kühl, optimal 1-5°C, im Kühlschrank.* – Bei ausreichend kühler Lagerung bis zu 3 Monate und länger haltbar (abhängig von der Sorte). Reife Früchte verströmen besonders viel Reifungsgas, deshalb getrennt von empfindlichem Obst und Gemüse (wie z.B. Bananen und Salatgurken) aufbewahren.

Aprikosen – *Kühl, im Kühlschrank.* – Je nach Reifegrad einige Tage haltbar. Früchte mit Druck- oder Faulstellen aussortieren und baldmöglichst verbrauchen.

Bananen – *Kühl, unreife Früchte nicht unter 12°C.* – Die Lagerfähigkeit von Bananen ist stark abhängig von Reifegrad und Lagertemperatur. Vollreife Bananen können auch im Kühlschrank aufbewahrt werden, was zwar zur Braunverfärbung der Schale führen kann, aber ansonsten unbedenklich ist. Unreife Früchte reifen bei zu niedrigen Temperaturen allerdings nicht mehr nach. Bananen stehts getrennt von anderem Obst aufbewahren, da diese sowohl stark auf Reifungsgas reagieren als auch viel davon absondern.

Birnen – siehe *Äpfel*

Champignons – *Kühl, im Kühlschrank.* – Bei ausreichend kühler Lagerung halten Champignons bis zu 5 Tage. Die Lagerung sollte in Papiertüten erfolgen; geschlossene Plastikverpackungen vermeiden. Matschige oder angeschimmelte Pilze auf keinen Fall verwenden – Gefahr einer Lebensmittelvergiftung!

Kartoffeln – *Dunkel, luftig, kühl, optimal 4-8°C.* – Unter optimalen Bedingungen können Kartoffeln (Ausnahme: Frühkartoffeln) mehr als 6 Monate gelagert werden. Insbesondere kühle Kellerräume sind hiefür gut geeignet. Eine dunkle Lagerung ist erforderlich, um ein Austreiben zu verhindern. Kartoffeln getrennt von anderem Obst oder Gemüse lagern, da andernfalls das Austreiben beschleunigt werden kann. Für ausreichende Belüftung ist zu sorgen. Stark austreibende Kartoffeln sollten nicht mehr verwendet werden.

Karotten – *Möglichst kühl, hohe Luftfeuchtigkeit, im Kühlschrank.* – Bei Kühlschranklagerung bis zu 2 Wochen haltbar. Vor der Lagerung evtl. noch vorhandenes Grün entfernen, aber nicht waschen. Eine ausreichende Luftfeuchtigkeit kann durch das Einpacken in eine gelochte Plastiktüte o.ä. erzielt werden.

Orangen – *Kühl, aber nicht im Kühlschrank.* – Orangen sind bei richtiger Lagerung über eine Woche haltbar. Eine kühlere Lagerung ist zwar empfehlenswert, die Lagerung bei Zimmertemperatur ist aber ebenfalls unproblematisch. Zitrusfrüchte nicht im Kühlschrank aufbewahren, da die Temperatur dort zu niedrig ist.

Paprika – *Dunkel, luftig, optimal um 10°C.* – Bei richtiger Lagerung einige Tage haltbar. Grüne Paprika ist robuster und besser lagerfähig als rote und gelbe Paprika. Eine Lagerung im Gemüsefach des Kühlschranks ist möglich, wenn die dortige Temperatur 8°C nicht unterschreitet.

Pfirsiche – siehe *Aprikosen*

Salatgurken – *Dunkel, luftig, optimal um 10°C.* – Bei richtiger Lagerung bis zu eine Woche haltbar. Eine Lagerung im Gemüsefach des Kühlschranks ist möglich, wenn die dortige Temperatur 8°C nicht unterschreitet. Zu kalte Lagerung führt zu Fäulnis. Salatgurken reagieren besonders empfindlich auf Reifungsgas, deshalb getrennt von Tomaten und Äpfeln lagern.

Sellerie (Knollen-Sellerie) – siehe *Karotten*

Tomaten – *Dunkel, luftig, optimal 10-15°C, nicht im Kühlschrank.* – Reife Tomaten sind bei richtiger Lagerung eine knappe Woche haltbar. Tomaten gehören nicht in den Kühlschrank, da sie dort nicht nur Kälteschäden davon tragen können, sondern auch ihr Aroma verlieren. Reife Tomaten verströmen besonders viel Reifungsgas, deshalb getrennt von empfindlichem Obst und Gemüse (wie z.B. Bananen und Salatgurken) aufbewahren.

Zitronen – siehe *Orangen*, jedoch längere Haltbarkeit (mehrere Wochen)

Zucchini – *Dunkel, luftig, optimal um 10°C.* – Bei richtiger Lagerung sind Zucchini bis zu einer Woche haltbar. Eine Lagerung im Gemüsefach des Kühlschranks ist möglich, wenn die dortige Temperatur 8°C nicht unterschreitet.

Zwiebeln – *Dunkel, kühl, trocken, im Kühlschrank.* – Zwiebeln sind bei bei kühler und trockener Lagerung 2 Monate und länger haltbar (Ausnahme: Frühlingszwiebeln). Je schärfer eine Zwiebelsorte ist, desto länger ist ihre Haltbarkeit. Eine trockene Lagerung ist besonders wichtig, um Schimmelbildung zu vermeiden. Zwiebeln nicht zusammen mit Kartoffeln lagern, da sie sonst deren Feuchtigkeit aufnehmen und schneller verderben.

Saison von Obst und Gemüse

Auch wenn heutzutage die Jahreszeit nur einen geringen Einfluss auf das Angebot an Obst und Gemüse hat, ist es trotzdem oft sinnvoll, die jeweilige Saison beim Einkauf zu berücksichtigen: Denn Obst und Gemüse wird außerhalb der heimischen Saison oft auf langen Transportwegen aus anderen Ländern importiert. Dies schlägt sich oft in höheren Preisen nieder. Kauft man dagegen zur jeweiligen Saison, ist der Preis meist niedriger, da eine größere Menge an verderblicher Ware zum Verkauf steht. Nicht selten ist darüber hinaus auch die Qualität besser.

Hier finden Sie eine Übersicht, wann bei welchem Obst- und Gemüse mit dem größten Warenangebot zu rechnen ist. Manche Früchte werden in Deutschland nicht angebaut und ausschließlich importiert – doch auch hier ergeben sich teilweise Angebotsunterschiede, die aus der Erntezeit in den Hauptanbauländern resultieren (besonders ausgeprägt z.B. bei Orangen).

Obst

	J	F	M	A	M	J	J	A	S	O	N	D
Ananas*	⊗	⊗	⊗	⊗	⊗	⊗	⊗	⊗	⊗	⊗	⊗	⊗
Apfel									⊗	⊗	⊗	
Aprikose						⊗	⊗					
Banane*	⊗	⊗	⊗	⊗	⊗	⊗	⊗	⊗	⊗	⊗	⊗	⊗
Birne									⊗	⊗	⊗	
Brombeere								⊗	⊗			
Clementine*	⊗	⊗								⊗	⊗	⊗
Erdbeere					⊗	⊗						
Feige*								⊗	⊗	⊗		
Grapefruit*	⊗	⊗	⊗							⊗	⊗	⊗
Heidelbeere							⊗	⊗				
Himbeere							⊗	⊗				
Johannisbeere							⊗	⊗				
Kirsche, sauer							⊗	⊗				
Kirsche, süß						⊗	⊗	⊗				
Kiwi*	⊗	⊗	⊗	⊗	⊗	⊗	⊗	⊗	⊗	⊗	⊗	⊗
Mandarine*	⊗	⊗									⊗	⊗
Mango*				⊗	⊗	⊗						

*Importfrucht

	J	F	M	A	M	J	J	A	S	O	N	D
Mirabelle								⊗	⊗			
Melone								⊗	⊗			
Nektarine								⊗	⊗			
Quitte									⊗	⊗	⊗	
Orange*	⊗	⊗	⊗								⊗	⊗
Pfirsich								⊗	⊗			
Pflaume							⊗	⊗	⊗			
Preiselbeere								⊗	⊗	⊗		
Stachelbeere						⊗	⊗	⊗				
Weintraube									⊗	⊗		
Zitrone*	⊗	⊗	⊗	⊗	⊗	⊗	⊗	⊗	⊗	⊗	⊗	⊗
Zwetschge								⊗	⊗	⊗		

Gemüse

	J	F	M	A	M	J	J	A	S	O	N	D
Artischocke								⊗	⊗	⊗		
Aubergine								⊗	⊗			
Blumenkohl						⊗	⊗	⊗	⊗	⊗		
Bohnen						⊗	⊗	⊗	⊗			
Broccoli						⊗	⊗	⊗	⊗	⊗		
Chicorée	⊗	⊗	⊗							⊗	⊗	⊗
Chinakohl							⊗	⊗	⊗	⊗	⊗	⊗
Erbsen						⊗	⊗	⊗				
Fenchel									⊗	⊗		
Feldsalat	⊗	⊗								⊗	⊗	⊗
Grünkohl	⊗	⊗									⊗	⊗
Karotte						⊗	⊗	⊗	⊗	⊗		
Kartoffel						⊗	⊗	⊗	⊗	⊗		
Kohlrabi				⊗	⊗	⊗	⊗	⊗	⊗			
Kürbis									⊗	⊗	⊗	
Mais							⊗	⊗	⊗			
Mangold						⊗	⊗	⊗	⊗			
Meerrettich									⊗	⊗	⊗	
Möhre						⊗	⊗	⊗	⊗			
Paprika								⊗	⊗	⊗		
Porree								⊗	⊗	⊗	⊗	
Radieschen			⊗	⊗	⊗	⊗	⊗	⊗				
Rettich			⊗	⊗	⊗	⊗	⊗	⊗				
Rhabarber				⊗	⊗	⊗						

	J	F	M	A	M	J	J	A	S	O	N	D
Rosenkohl	⊗	⊗								⊗	⊗	⊗
Rote Beete	⊗	⊗	⊗						⊗	⊗	⊗	⊗
Rotkohl	⊗	⊗	⊗						⊗	⊗	⊗	⊗
Salat						⊗	⊗	⊗	⊗			
Salatgurke						⊗	⊗	⊗	⊗	⊗		
Schwarzwurzel	⊗									⊗	⊗	⊗
Sellerie	⊗	⊗	⊗						⊗	⊗	⊗	⊗
Spargel				⊗	⊗	⊗						
Spinat				⊗	⊗	⊗			⊗	⊗		
Tomaten						⊗	⊗	⊗	⊗			
Topinambur	⊗	⊗	⊗	⊗						⊗	⊗	⊗
Weißkohl	⊗				⊗	⊗			⊗	⊗	⊗	⊗
Wirsing				⊗	⊗				⊗	⊗	⊗	⊗
Zucchini						⊗	⊗	⊗	⊗	⊗		
Zwiebel								⊗	⊗	⊗	⊗	

Pilze und Nüsse

	J	F	M	A	M	J	J	A	S	O	N	D
Champignon	⊗	⊗	⊗	⊗	⊗	⊗	⊗	⊗	⊗	⊗	⊗	⊗
Haselnuss										⊗		
Marone (Kastanie)									⊗	⊗		
Pfifferling						⊗	⊗	⊗	⊗			
Walnuss									⊗	⊗		

Verzeichnis der „Preiseinstiegsmarken"

Viele Supermarktketten haben Produkte als Eigenmarken im Sortiment, die im Vergleich zu anderen Marken besonders günstig sind. Die günstige Preisgestaltung kommt im wesentlichen durch den Verzicht auf teure Werbung und hohe Handelsmengen zustande. Das oft billig wirkende Verpackungsdesign täuscht darüber hinweg, dass die Qualität dieser Produkte vielen „Edelmarken" oft in nichts nachsteht – nicht selten stehen dahinter sogar die gleichen Hersteller!

Aufgelistet sind hier die jeweils günstigsten Eigenmarken, im Jargon auch „Preiseinstiegsmarken" genannt. Manche Supermärkte führen entweder fast ausschließlich Eigenmarken oder haben keine produktübergreifende Eigenmarke. In diesem Fall ist der Preisvergleich zwischen gleichartigen Produkten leider unumgänglich.*

Supermarkt	günstigste Eigenmarke
Aldi	– (diverse)
Edeka	Gut & Günstig, EDEKA
Feneberg	Gut & Günstig
Kaiser's Tengelmann	A&P
Kaufland	K-Classic
Lidl	– (diverse)
Marktkauf	Gut und Billig
Metro	aro
Migros (Schweiz)	M-Budget
Netto	– (diverse)
Norma	– (diverse)
Penny	– (diverse)
plaza	Unser Norden
Plus	– (diverse)
Real	Tip
Rewe	ja!
SKY	Unser Norden
Spar (Österreich)	S-BUDGET
toom Markt	ja!

---

*Alle Markennamen sind Eigentum ihrer jeweiligen Inhaber. Die Nennung der Markennamen erfolgt ausschließlich zu Informationszwecken und erhebt – trotz sorgfältiger Prüfung – keinen Anspruch auf Richtigkeit, Vollständigkeit oder Aktualität.

Preisliste der Zutaten

Die hier aufgeführten Preise wurden zu Beginn des Jahres 2012 in verschiedenen Supermärkten in Deutschland ermittelt. Es handelt sich in der Regel um den durchschnittlichen Preis der günstigsten Marke. Die Preise der günstigsten Marken unterscheiden sich für die meisten Produkte zwischen verschiedenen Supermärkten kaum.

Manche Produkte unterliegen jedoch starken saisonalen Preisschwankungen (insbesondere Obst und Gemüse) und kommen in variablen Packungsgrößen oder als Stückware in den Handel – für diese Produkte wird entweder der Preis für eine häufige Packungsgröße, der Preis pro 100 g oder ein errechneter ungefähr Stückpreis angegeben.

Alle Preise sind auf ganze 0,05 € aufgerundet. Zusätzlich zu den Preisen in Euro ist die aufgerundete Anzahl an Plastikpfandflaschen (0,25 € Pfand) angegeben, die zum Erwerb des entsprechenden Produktes gesammelt werden müssen.

Um auch für die Zukunft unabhängig von Inflationseffekten eine realistische Kosteneinschätzung zu ermöglichen wird außerdem der theoretische Preis in Milligramm (mg) Feingold angegeben – der Berechnung ist ein Goldpreis von 1000,– € pro Unze (31,1 g) Feingold zugrundegelegt.

	Packung / Einheit		€	Pfand-flaschen	Gold (mg)
Äpfel (1 Stück ≈ 175 g)*	–	Stück	0,25	1	8
Apfelmus	710	g	0,40	2	12
Aprikosen (1 Stück ≈ 40 g)*	–	Stück	0,25	1	8
Backpulver	10×15	g	0,30	2	9
Bananen (1 Stück ≈ 200 g)*	–	Stück	0,35	2	11
Bohnen (grün, tiefgekühlt)	750	g	1,30	6	40
Brötchen	–	Stück	0,20	1	6
Brot - Schwarzbrot	500	g	0,50	2	16
Brot - Graubrot	500	g	1,00	4	31
Brot - Toastbrot	500	g	0,50	2	16
Butter	250	g	1,15	5	36
Buttermilch	500	ml	0,30	2	9
Champignons*	100	g	0,60	3	19
Eier	6	Stück	1,40	6	44
Erbsen (tiefgekühlt)	750	g	1,30	6	40
Essig	1000	ml	0,40	2	12
Essiggurken	370	g $_{Gew.}^{Abtr.}$	0,80	4	25
Fischstäbchen	450	g	1,50	6	47

*Unterliegt stärkeren Preisschwankungen.

	Packung / Einheit		€	Pfand-flaschen	Gold (mg)
Gemüsebrühe (Pulver)	140	g	0,60	3	19
Hackfleisch*	100	g	0,60	3	19
Haferflocken	500	g	0,35	2	11
Hartweizengrieß	400	g	0,35	2	11
Hefe (frisch)	42	g	0,15	1	5
Käseaufschnitt	200	g	1,00	4	31
Karotten*	1000	g	1,00	4	31
Kartoffeln	2000	g	1,50	6	47
Kidney-Bohnen (Konserve)	250	g Abtr./Gew.	0,40	2	12
Kräuterfrischkäse	200	g	0,60	3	19
Linsen	500	g	1,60	7	50
Magerquark	500	g	0,65	3	20
Marmelade	450	g	0,90	4	28
Mayonnaise	500	ml	1,00	4	31
Mehl (Weizenmehl)	1000	g	0,45	2	14
Milch (Vollmilch)	1000	ml	0,60	3	19
Mozzarella	125	g Abtr./Gew.	0,55	3	17
Natron	5×5	g	0,70	3	22
Naturjoghurt	500	g	0,40	2	12
Orangen (1 Stück ≈ 200 g)*	–	Stück	0,35	2	11
Paniermehl	1000	g	0,80	4	25
Paprika (1 Stück ≈ 175 g)*	–	Stück	0,75	3	23
Pfirsich (1 Stück ≈ 150 g)*		Stück	0,50	2	16
Pflanzenöl	1000	ml	1,50	6	47
Puddingpulver	5×38	g	0,45	2	14
Puderzucker	250	g	0,50	2	16
Rahmspinat (tiefgekühlt)	450	g	0,40	2	12
Reis	500	g	0,50	2	16
Rosenkohl (tiefgekühlt)	450	g	1,00	4	31
Rosinen (Sultaninen)	250	g	0,65	3	20
Rote Beete (Konserve)	350	g Abtr./Gew.	0,60	3	19
Sahne (süß)	200	g	0,45	2	14
Salatgurken (1 Stück ≈ 600 g)*	–	Stück	0,70	3	22
Sauerkirschen (Glas)	350	g Abtr./Gew.	1,40	6	44
Sauerkraut (Konserve)	500	g Abtr./Gew.	0,35	2	11
Schinkenspeck	250	g	1,70	7	53
Sellerie (Knollen-Sellerie)*	100	g	0,25	1	8
Senf (scharf)	200	ml	0,50	2	16
Schokocreme	400	g	1,00	4	31
Spaghetti	500	g	0,50	2	16
Thunfisch (Konserve)	150	g Abtr./Gew.	0,60	3	19
Tomaten (1 Stück ≈ 100 g)*	–	Stück	0,20	1	6
Tomatenmark	200	g	0,40	2	12
Wurstaufschnitt	200	g	0,75	3	23

	Packung / Einheit		€	Pfand-flaschen	Gold (mg)
Würstchen (1 Stück ≈ 50 g)	5	Stück	1,00	4	31
Zitronen (1 Stück ≈ 30 ml Saft)	–	Stück	0,40	2	12
Zucchini (1 Stück ≈ 200 g)*	–	Stück	0,30	2	9
Zucker	1000	g	0,85	4	26
Zwiebeln*	1000	g	1,00	4	31

Index Zutaten

Index Gerichte

„Als Autor freut es mich, dass Sie als Leser bis hierhin vorgedrungen sind. Dies ist zwar das Ende der *Pfandsammler Küche*, aber natürlich nicht das Ende meines Wirkens als kulinarischer Tiefpreisgarant. Ich habe bereits einige neue Ideen gesammelt, die vielen Supermarktbetreibern schon jetzt schlaflose Nächte bescheren. Freuen Sie sich also in Zukunft auf weitere Ausflüge in die gute und günstige Küche, in der sattes Sparen leicht fällt!"

– *Flaschibert Pfandinsky*

9 783943 706000